CATALOGUE

DE

MÉDAILLES

ROMAINES

EN OR, ARGENT & BRONZE

COMPOSANT LA

COLLECTION CONSULAIRE ET DES FAMILLES ROMAINES, PENDANT LA RÉPUBLIQUE, SOUS OCTAVE ET LES PREMIER CÉSARS

Collection de M. le Chevalier JANVIER RICCIO

DE NAPLES

DONT LA VENTE AUX ENCHÈRES PUBLIQUES AURA LIEU

HOTEL DES COMMISSAIRES-PRISEURS, RUE DROUOT, 5

SALLE N° 5, AU PREMIER ÉTAGE

Les 29, 30 Juin courant, 1er & 2 Juillet 1868

A UNE HEURE TRÈS-PRÉCISE

Me **DELBERGUE-CORMONT,** Commissaire-Priseur, rue de Provence, 8,

Assisté de MM. **ROLLIN** et **FEUARDENT,** Experts, rue Vivienne, 12, à Paris,

CHEZ LESQUELS SE DISTRIBUE LE PRÉSENT CATALOGUE.

EXPOSITIONS { PARTICULIÈRE, le Samedi 27 Juin 1868, de 1 heure à 5 heures.
PUBLIQUE, le Dimanche 28 Juin 1868, de 1 heure à 5 heures.

PARIS

ROLLIN ET FEUARDENT, RUE VIVIENNE, 12

LONDRES

MÊME MAISON, HAY-MARKET, 27

1868

CONDITIONS DE LA VENTE

Elle sera faite au comptant.

Les Acquéreurs paieront, en sus des adjudications, CINQ POUR CENT.

La Collection dont la vente est confiée à nos soins est célèbre dans le monde entier ; dès 1855, elle était une des plus complètes connues chez un particulier. Le magnifique Catalogue, avec planches en relief, publié par M. Riccio et qui eut alors les honneurs de l'Exposition, le démontrait parfaitement.

Celui que nous adressons aujourd'hui à MM. les Amateurs a été rédigé d'après les notes du savant propriétaire, un des connaisseurs les plus distingués dans cette partie de la Numismatique, comme le prouve son remarquable travail sur les Consulaires (1).

Nous n'avons qu'un regret, c'est de n'avoir pas encore reçu les Médailles ; nous eussions mis, à la suite de toutes les Pièces rares, l'état de conservation : cela aurait sans nul doute facilité le travail des Amateurs de l'étranger et de la province pour adresser leurs commissions. Nous ne pourrons, avant le 20 courant, être à même de soumettre toute la Collection à l'examen de MM. les Amateurs.

Paris, 12 Juin 1868.

C. R. et F.

(1) Monete delle antiche famiglie di Roma. Napoli, 1843. 1 vol. in-4, 72 Plsnchea.

CATALOGUE

DE

MÉDAILLES

As coulés et Divisions. (Aes grave.)

1. Tête casquée de Pallas à droite; derrière, II. ℞. Proue de vaisseau; au-dessus, II. (Cohen, Monnaies de la République romaine, p. 350, Dupondius.)
2. Tête de Janus et I. ℞. Proue de vaisseau à droite. 2 pièces.
3. Deux autres de poids réduits.
4. Double tête imberbe. ℞. Tête de Mercure.
5. Tête virile diadémée. ℞. Même tête.
6. Tête d'Apollon. ℞. Tête de Pallas.
7. Tête de Pallas. ℞. Coq.

Semis.

8. Pégase. ℞. Pégase. 3 pièces.
9. Tête de Pallas. ℞. Tête de femme.
10. Tête casquée et massue. ℞. Tête de femme.
11. Tête de Pallas et strigile. ℞. Tête de femme et strigile.
12. Tête de Jupiter. ℞. Proue de vaisseau. 5 pièces variées.
13. Bœuf courant. ℞. Roue.

14. Tête de Jupiter à droite. ℞. Proue de vaisseau à gauche ; au-dessus, S. Grand bronze.

Triens.

15. Tête de Pallas à gauche; dessous, quatre points. ℞. Proue de vaisseau à droite; dessous, quatre points. 11 pièces grand module.
16. Même pièce d'un style superbe.
17. Buste de cheval. ℞. Buste de cheval et .... 16 pièces.
18. Dauphin et .... ℞. Foudre et ....
19. Mêmes pièces variées. 5 pièces.
20. Foudre et .... ℞. Foudre et ....
21. Foudre et massue. ℞. Foudre et massue. 2 pièces.
22. Cheval courant .... ℞. Roue .... 2 pièces.

Quadrans.

23. Main et strigile .... — ℞. Deux Grains d'orge ....
24. Main. ℞. Main.
25. Main. ℞. Deux Grains d'orge. 4 pièces variées.
26. Main à droite et massue. ℞. Main à gauche et massue.
27. Sanglier .... ℞. Sanglier. 5 pièces.
28. Chien à gauche. ℞. Roue.
29. Le même, style superbe.
30. Tête d'Hercule. ℞. Proue. 9 pièces variées.

Sextans.

31. Tête d'un dioscure .. ℞. Tête d'un dioscure. 7 pièces variées.
32. Petoncle .. ℞. Caducée. 5 pièces.
33. Caducée et strigile. 3 pièces variées.
34. Petoncle et massue. ℞. Petoncle. 7 pièces.

35. Le même, massue.

36. Dauphin à gauche .. ℞. Dauphin à gauche.

37. Tortue. ℞. Roue. 6 pièces.

Uncia.

38. Tête de Pallas à gauche. ℞. Roue. 6 pièces.

39. Osselet. ℞. • 6 pièces.

40. Osselet et strigile. 2 pièces.

41. Osselet et massue. 4 pièces.

42. Grain d'orge. ℞. Grain d'orge. 5 pièces.

Semi-Uncia.

43. Gland et S. ℞. Gland et S.

As italiques coulés, Hadria Picenum.

44. Grand as. Tête nue de Bacchus indien, de face et diadémé. ℞. HAT. Chien ou loup couché à droite. Très-belle pièce. (Mionnet, page 4.)

45. Tête virile imberbe à gauche .... ℞. HAT. Diota d'où sort une fleur. (Mionnet, p. 4.)

46. Quadrans. HAT. Poisson. ℞. Poisson ... 2 pièces.

47. Sextans. HAT. Chaussure. ℞. Coq. 3 pièces.

48. Uncia, ancre, 4 pièces.

49. Picenum et Asculum (alliance). Triens A.... ℞. Foudre. Pièce inédite.

Asculum Apuliæ.

50. Quadrans A... Foudre. Uncia. A. Foudre. 3 pièces.

Luceria Apuliæ.

51. Quadrans, astre à 6 rayons. ℞. Dauphin.

52. Sextans, petoncle. ℟. Osselet et .. 2 pièces.

53. Sextans. Même pièce, 5 variétés.

54. Semi-uncia. Croissant (inédite).

Luceria avec le 𐌖 archaïque.

55. Tête d'Hercule à droite et massue. ℟. Cheval à droite; dessus, astre à huit rayons; dessous, 𐌖 archaïque. (Riccio, *Monete romane*). 2 pièces.

56. Semis, tête barbue et laurée de Jupiter; derrière, S. ℟. Proue, S; dessus, ROMA et 𐌖 archaïque. Moitié d'un as de très-beau style grec.

57. La même pièce, plus petite.

58. Quincunx, croix; dessus, :·:; dessous, 𐌖 archaïque. ℟. Le même. 7 pièces variées.

59. Triens, foudre. ℟. Massue .... et 𐌖 archaïque. 6 pièces.

60. Quadrans. Astre à huit rayons. ℟. Dauphin... 𐌖 archaïque. 6 pièces.

61. Sextans, Petoncle. ℟. Osselet .. et 𐌖 archaïque. 7 pièces.

62. Uncia, tortue. ℟. Épi et 𐌖. 8 pièces.

63. Semi-uncia, Croissant. ℟. Polype et 𐌖 archaïque. 5 pièces.

Vestini, Etc.

64. Uncia. VES. Petoncle. ℟. Bipenne. 2 pièces.

65. Semi-uncia, même revers. 2 pièces.

66. Venusia. Trois croissants.

67. Tutere, main armée du ceste. ℟. Deux massues.

68. Inédite et incertaine. Tête du Soleil de face. ℟. CE.. Cheval courant.

69. Uncia, astre à huit rayons.

COLLECTION UNIQUE ET CURIEUSE

Luceria frappée sous les Romains.

70. Semis, tête de Jupiter barbue et laurée à droite; derrière, S. ℟. Proue à droite, ornée du soleil et de la lune, etc.; dessous, 𐌋 archaïque. s. ROMA. Fragment d'une pièce unique et très-rare, as de quatre onces.

71. Dextans ou 10 onces. Tête de Cérès ornée d'épis à droite. ℟. Victoire ailée dans un quadrige au galop, à droite; dessous, 𐌋 archaïque. s.... ROMA. Pièce unique et très-belle.

71 bis. Semis d'un beau style grec. Tête de Jupiter. ℟. Proue de vaisseau. 2 pièces variées de poids.

72. Quincunx. Tête laurée d'Apollon à droite; derrière, 𐌋 archaïque. ℟. Dioscure à cheval, à droite. ROMA..... de différentes grandeurs. 2 pièces.

73. Triens. Tête de Pallas.... et 𐌋 archaïque. ℟. Proue. ROMA.... et une autre surfrappée. 2 pièces.

74. Triens plus petits et très-beaux. 4 pièces.

74 bis. — As, romain de deux onces frappé à Luceria, avec 𐌋 archaïque.

75. As, Semis, Triens, Quadrans, Sextans, Uncia. 25 pièces.

76. As d'une once avec ses divisions. 49 pièces.

77. Semi-uncia inédite, tête de Mercure avec le pétase à droite. ℟. Proue, ROMA. et le signe grec indicatif du semi-uncia Σ.

78. Sesterce italique en argent, tête de Pallas et 𐌋 archaïque. ℟. Cavalier au galop; à gauche, T. R. MA. Pièce unique.

Autres Villes de l'Apulie sous la protection des Romains.

79. Avec la lettre P initiale de Rubi. 5 dextans, 4 as, 4 semis, 3 quincunx, 3 triens, 2 quadrans, 8 sextans, 3 uncia, 1 semi-uncia; sous la proue, ΣΓ. 33 pièces.

80. Avec les lettres CA initiales de Canosa, 8 as, 3 semis, 36 triens surfrappés, 2 quadrans, 5 sextans, 6 onces. 60 pièces.

81. Semi-uncia, triens et sextans avec KA ROMA. 12 pièces.

82. Avec la lettre H, Herdona, As, Semis, Triens, Quadrans, Sextans, Uncia. 12 p.

83. Avec T. As, Semis, Triens, Quadrans. 10 pièces.

84. 16 pièces réduites sous Auguste, Dupondius : As, Semis, Quadrans. On lit : IVLIA.

As romains de deux onces et divisions.

85. As; sur la proue, Victoire, Caducée, Épi, Grappe de raisin, Branche de laurier, Gouvernail, Massue, Chien, Galère, Couronne de lauriers, etc., etc. 64 pièces.

86. As d'une once et divisions, 534 de Rome. As, Semis, Triens, Quadrans, Sextans, Uncia. 192 pièces.

87. As d'une demi-once et divisions, As, Semis, Triens, Quadrans, Sextans, Uncia, Semi-Uncia. 206 pièces.

As et Divisions réduits sous Marc-Antoine et Sextus Pompée.

88. As. Acilia. Tête de Janus. ℞. M|V. ACILIVS Q. dans une couronne.

89. Semis, Tête de Jupiter. ℞. M|V. ACILI. Aigle de face.

90. Triens, Tête de Jupiter. ℞. M/V. ACILI. Bâton d'Esculape.

91. As. Anicia ou Avinia, Tête de Janus Q AVI dans une couronne.

92. As, Appuleia, Tête de Janus. ℞. AP. LVCIVS APPVLEIVS dans une couronne. 2 pièces de différents monogrammes.

93. As. Axia, Tête de Janus. ℞. NASO dans une couronne.

94. As. Axia, Tête de Jupiter. ℞. NASO. Soldat debout à gauche.

95. Semis, Axia, Tête de Jupiter. ℞. NASO dans une couronne.

96. Triens, Axia, Tête de Cérès voilée à gauche. ℞. NASO dans une couronne.

97. As. Baebia, Tête de Janus. ℞. Q. B. dans une couronne.

98. Semis, Fabia, Tête de Jupiter. ℞. Q. FABI. Soldat debout.

99. Quadrans, Fabia, Tête d'Hercule. ℞. Q. FABI. Massue et arc.

100. As, Furia, Tête de Janus. ℞. CRASSIPES dans une couronne.

101. Semis, Porcia. Tête de Jupiter. ℞. CATO. Soldat debout.

102. As, Terentia, Tête de Janus. ℞. TE. Louve et les jumeaux.

103. Cornelia, Γ SILLA P. R. ℞. Branche d'olivier.

104. — SALASSI. LVCI II. Triquetra.

105. MITA. Soldat sacrifiant.

106. 20 Pièces diverses de familles romaines.

107. 140 Monnaies romaines incertaines, les principales variétés sont ROMA en relief, ROMA en creux, un chien, une chouette, une corne d'abondance, un taureau courant, une roue, marteau et Apex, un croissant, une Victoire couronnant les Dioscures, pegase, pentagramme, javelot, caducée, cochon, épi, épée, bouclier, foudre, etc., plus les lettres B. C. D. M. X. Collection la plus complète connue.

108. 40 Victoriat avec les mêmes symboles.

109. Quinze Quinaires, différents symboles; un très-rare et inédit, avec Diane.

110. 24 demi-Victoriat, avec des chiffres et des lettres.

111. 17 Sesterces, dont la ROMILIA et divers autres italiques.

Médailles de fabrique campanienne.

112. Tête de Janus imberbe. ℟. ROMA. Deux soldats debout touchant avec des baguettes une truie que tient un homme à genoux. 120 sesterces. (Cohen, p. 345, AV.)

113. Même pièce. 140 sesterces. AV.

114. Même médaille, module du quinaire. (Cohen, 346, AV.)

115. Tête casquée de Mars à droite; derrière, L X. ℟. ROMA. Aigle sur un foudre, AV, 60 sesterces.

116. Même pièce; derrière la tête, XXXX;40sesterces. (Cohen, 345.)

117. Même pièce; derrière la tête, XX. 20 sesterces, AV.

118. Double tête imberbe, comme celle de Janus. ℟. Jupiter dans un quadrige au galop, à droite, tenant un foudre et un sceptre; derrière lui, une Victoire, AV.

119. 3 pareilles en électrum.

120. Double tête imberbe laurée, comme celle de Janus. ℟. ROMA. Légende incuse. Jupiter dans un quadrige au galop; derrière, une Victoire. Petit médaillon. AR.

121. 13 variétés de la même pièce. AR.

122. 5 pièces pareilles avec ROMA en relief. AR.

123. 4 pièces pareilles avec le quadrige à gauche. AR.

124. Tête casquée à droite. ℟. ROMA. Cheval libre à droite; au-dessus, une massue; derrière la tête, une autre massue. AR.

125. Tête casquée à droite. ℟. ROMA. Buste de cheval à droite; derrière, un strigile, autre sans strigile, autre module du quinaire. 3 pièces. AR.

126. Tête imberbe d'Hercule à droite; derrière, massue. ℟. ROMANO. La Louve allaitant Romulus et Rémus. 2 pièces. AR.

127. ROMANO. Tête laurée d'Apollon à gauche. ℟. Cheval libre à droite; dans le champ, une étoile. AR.

128. Tête barbue casquée de Mars à gauche. ℟. Buste de cheval à droite; sur une base on lit : ROMANO. Derrière, un épi. AR

129. Tête de Vénus phrygienne à droite; derrière, un symbole. ℞. ROMANO. Victoire debout attachant une couronne à un palmier ; dans le champ, les lettres II. X. V. Δ. ΔΔ. ΦΦ. ΘΘ. 7 pièces. AR.

130. Tête diadémée de Junon à droite; derrière, quatre points. ℞. ROMA. Hercule combattant le Centaure; devant, quatre points. Module des médaillons, triens. Æ.

131. Tête de Junon Sospita à droite; derrière, trois points. ℞. ROMA. Taureau courant; dessous, un serpent; au-dessus, trois points. Module des Médaillons, quadrans. Æ.

132. Même pièce, d'un plus petit module. 5. Æ.

133. La Louve allaitant Romulus et Rémus; à l'exergue, deux points. ℞. ROMA. Corbeau tenant un fruit dans son bec; dans le champ, deux points. GB. Sextans. 4 pièces. Æ.

134. Tête radiée du soleil de face; à gauche, un point. ℞. ROMA, Croissant et deux étoiles. Once. 4 pièces. Æ.

135. Tête tourelée de Cybèle à droite. ℞. ROMA. Cavalier nu à droite tenant un fouet. 6 pièces. Æ.

136. Tête casquée de Vénus phrygienne à droite. ℞. ROMA. Chien à droite, la patte droite de devant levée. 6 pièces. PB.

137. Tête casquée de Pallas à gauche. ℞. ROMANO. Buste de cheval à droite et à gauche. 7 pièces.

138. Tête d'Hercule à droite, avec une massue. ℞. ROMA. Pégase à droite; dans le champ, massue. 4 pièces. Æ.

139. Tête de femme diadémée à droite. ℞. ROMANO. Lion marchant à droite, la patte droite levée. 3 pièces.

140. Cheval courant à droite, cheval courant à gauche. Mod. du quinaire. 8 pièces. PB.

CONSULAIRES

141. Bœuf à droite; dessous, astre. Æ.

142. ΡΩΜΑΙΩΝ. Demi-bœuf à face humaine. Æ.

143. 152 pièces campaniennes en bronze variées, proue de vaisseau, tête de Janus, Jupiter, Pallas, etc., etc. Grand et petit modules. Æ.

144. **Aburia**. Tête de Rome casquée à droite. GEM. ℞. M. ABVRI. ROMA. Quadrige. 4 pièces. AR.

145. **Aburia**. Tête de Rome casquée. GEM. ℞. C. ABVRI. Mars dans un quadrige; dessous, ROMA. 3 pièces. AR.

146. Même pièce, GRAG au lieu de GEM derrière la tête.

147. Quadrans. Proue de navire. M. ABVRI. 5 pièces. Æ.

148. Quadrans, et triens avec C. ABVRI. 6 pièces. Æ.

149. **Accoleia**. Buste de femme avec un collier. P. ACCOLEIVS LARISCOLVS. ℞. Trois Statues ou Cariatides. 3 pièces. AR.

150. **Acilia**. MAN. BALBVS. ROMA. Tête de Rome casquée. ℞. MAN. ACILI. Jupiter dans un quadrige au galop. 4 pièces. AR.

151. — M. ACILIVS M. F. entre deux cercles. Tête de Rome casquée. ℞. ROMA. Hercule dans un quadrige. 4 pièces. AR.

152. — SALVTIS. Tête laurée de la Santé. ℞. MAN. ACILIVS. III. VIR. VALETV. La Santé, debout près d'une colonne, tient un serpent. 4 pièces. AR.

153. — Tête de Janus. ℞. BAL. ROMA. Proue de navire, as. 4 pièces. Æ.

154. — Même type. Semis, triens, quadrans. 4 pièces.

155. — BAL. Style grec, MAN. ACI ROMA. Proue. Semis unique, semis MACILI. Quadrans. 9 pièces. Æ.

156. — As et Semis de fabrique sicilienne, de Leptis. C.V.IL. PR. II.VIR. 3 pièces. Æ.

157. — Buste de femme. ℞. Bœuf cornupète. C. BALBO. L. PORCI. Autre colonie de Paestum. 5 pièces. Æ.

158. **Aebutia**. Colonies de Corinthe. CORINT. Tête de Marc Antoine à gauche. ℞. P. AEBVTIO. C. PINNIO II. VIR. ℞. Proue à gauche. CAESAR AUGVSTUS. Tête d'Auguste à droite. ℞. AEBVTIO. C. IVLIO HERACLIO II. VIR. Q. EOR. dans une couronne de chêne. Tête de Jupiter à droite. ℞. P. AEBVTIO. C. PINNIO II VIR. dans une couronne. 3 pièces. Æ.

159. **Aelia-Allia**. Tête de Pallas à droite. ℟. C. AL. ROMA. Dioscures à cheval. 2 pièces. AR.

160. — Tête de Rome casquée. ℟. P. PAETVS ROMA. Dioscures. 4 pièces. AR.

161. — BALA. Tête diadémée de Junon Lucina; dans le champ, une lettre. ℟. C. ALLI. Diane dans un bige de cerfs à droite; différents symboles, dauphin, griffon, tête de bélier, épi, canard, trident, cigale, scorpion, etc., etc. 30 pièces. AR.

162. — Q. AELIVS LAMIA III VIR A. A. A. F. F. S. C. Deux mains jointes tenant un caducée. 2 pièces. PB.

163. — Moyens et petits bronzes variés. 18 pièces.

164. **Aemilia**. M. LEPIDVS. Statue équestre portant un trophée, tête de Vénus, différents symboles derrière la tête, palme, simpulum et couronne. 3 pièces. AR.

165. — Même type, M. LEPIDVS AN. XV. PR. H. O. C. S. Mêmes symboles. 3 pièces. AR.

166. — ALEXANDREA. Tête tourelée de la ville d'Alexandrie. ℟. M. LEPIDVS. PONTIF. MAX. TVTOR REGIS. Lépide remettant la couronne à Ptolémée V. 3 pièces variées. AR.

167. — Tête voilée de vestale à droite. ℟. M. LEPIDUS AIMILIA REF. S. C. Basilique émilienne. AR.

168. — L. BVCA. Tête diadémée de Vénus à droite. ℟. Sylla couché sur l'herbe, voyant en songe, à Nola, la victoire qui tient une longue palme et Diane qui l'invite à marcher sur Rome. Très-belle pièce. (Coh., p. 10.) AR.

169. — Tête de Jules César. ℟. L. BVCA. Vénus debout à gauche. 2 pièces. AR.

170. — Tête de Jules César. ℟. L. BVCA. Vénus assise à droite. AR.

171. — L. AEMILIVS BVCA. Vénus debout. AR.

172. — Tête de femme à droite. ℟. L. AEMILIVS BVCA IIII VIR. Deux mains jointes. (Quinaire.) AR.

173. — CAESAR DIC PERPETVO. Tête de Jules César laurée à droite; caducée et faisceaux en sautoir, torche et deux mains jointes. AR.

174. — Tête de Lépide. LEPIDVS PONT. MAX. III. VIR. R. P. C. ℞. Tête nue d'Octave. AR. Très-belle.

175. — Tête de femme laurée à droite. ROMA. ℞. MAN AEMILIO LEP. Statue équestre sur un pont. 5 pièces. AR.

176. — M. SCAVRVS AED. CVR. EX. S. C. Le roi Aretas avec un rameau tenant par la guide un chameau. ℞. Jupiter foudroyant dans un quadrige; à l'exergue : REX ARETAS. 9 pièces. AR.

177. — PAVLVS LEPIDVS CONCORDIA. Tête voilée de la Concorde. ℞. Trophée de Paul Emile devant lequel on voit Persée et ses deux enfants. 2 pièces. AR.

178. — Même tête. ℞. PVTEAL SCRIBON LIBO. Puits auquel sont attachés deux lyres, un marteau, des tenailles, ou un coin. 5 pièces. AR.

179. — LEP. IMP. Instruments pontificaux. ℞. M. ANTO. Instruments d'augure. 2 quinaires. AR.

180. — As, Semis, M. AIM, proue; à l'exergue, ROMA. Æ. 2 pièces.

181. — Tête d'Octave. M.-N. CAL. ℞. Taureau. M. AEMILI. C. POST MIL. II. VIR. Æ.

182. **Afrania**. Tête casquée de Rome. ℞. Victoire dans un bige, S. AFRA; à l'exergue, ROMA. 5 pièces celtibériennes attribuées à cette famille. AR. 6 pièces.

183. — As, semis, triens, quadrans, et un sextans unique. 14 pièces. Æ.

184. **Alitia**. Tête de Marc-Antoine à gauche. ℞. P. ALITIO L. MAENIO. II. VIR. Proue à gauche. (Corinthe.) Æ.

185. **Alliena**. C. CAESAR IMP. COS. ITER. Tête diadémée de Vénus à droite. ℞. A. ALLIENVS PROCOS. Neptune nu, debout, tenant son manteau, et le triquetra, le pied sur une proue de vaisseau. AR.

186. **Anicia**. C. MALVINO T. ANICIO AED. dans le champ. ℞. CC. P. A. Charrue. Æ.

187. **Annia**. C. ANNIVS, ou C. ANNI. Tête de femme. ℞. L. FABI. L. F. HISP. Victoire dans un quadrige au pas. 6 pièces. AR.

188. — Même type, mais le quadrige au galop à droite. 22 pièces. AR.

189. **Antestia**. C. ANTESTI. Tête de Rome casquée. ℞. ROMA. Les dioscures au galop. 3 pièces. AR.

190. — GRAC; derrière, la tête de Pallas. ℞. Jupiter dans un quadrige au galop. 7 pièces. AR.

191. — Chien marchant derrière la tête. ℞. Les dioscures au galop. 2 pièces. AR.

192. — As, semis, triens, quadrans. 30 pièces. Æ.

193. — GRAC. Tête casquée de Pallas à droite. .... ℞. Proue de vaisseau; dessus, une corneille. Triens, et quadrans pareil. 2 pièces. Æ.

194. — Quadrans, Triens et Uncia sans le mot GRAC. L'Uncia est inédite. Æ. 3 pièces.

195. **Antia**. DEI PENATES, têtes des dieux pénates à droite. ℞. Hercule debout nu, tenant une massue, un trophée et une peau de lion. 2 pièces. AR.

196. — RESTIO. Tête nue de Restio. ℞. Hercule nu debout, etc. 1 pièce. AR.

197. — C. ANTIVS. Buste de Diane à droite, avec arc et carquois. ℞. RESTIO. Cerf orné de guirlandes. Quinaire. AR.

198. — C. ANTIVS. Tête de bœuf de face ornée de guirlandes. ℞. RESTIO. Autel allumé et orné. Sesterce. AR.

199. — RESTIO. Chouette sur un bouclier. ℞. Casque, quinaire et sesterce. 3 pièces. AR.

200. **Antistia**. CAESAR AVGVSTVS. Tête nue d'Auguste à droite. ℞. C. ANTISTIVS REGINVS. Simpulum, lituus, trépied et patère. 2 pièces. AR.

201. — C. ANTISTIVS VETVS III VIR. Tête diadémée de Vénus à droite. ℞. IMP. CAESAR. AVGV. COS. XI. Dans le champ, simpulum, lituus, trépied, patère. AR.

202. — IMP. CAES. AVGVST. TR. P. IIX. Tête nue d'Auguste à droite. ℞. C. ANTISTIVS VETVS FOEDVS P. R. CVM GABINIS. Deux prêtres voilés sacrifiant un porc sur un autel allumé. AR.

203. **Antonia**. Tête laurée de Jupiter à droite; derrière, S. C. ℞. Q. ANTON. BALB. P. R. Victoire dans un quadrige au galop, tenant une couronne et une palme. Variétés de lettres derrière la tête et au revers. 39 pièces. AR.

204. — M. ANTON. IMP. V. B. C. Tête nue barbue de Marc-Antoine à droite; derrière, le lituus. ℞. CAESAR DIVI. Tête laurée de Jules César à droite; derrière, le præfericulum. 2 pièces variées. AR.

205. — Tête de Marc-Antoine. ℞. Tête d'Octave avec R. P. C. 3 pièces. AR.

206. — ANTONIVS IMP. Tête nue de Marc-Antoine à droite. ℞. CAESAR IMP. Tête nue barbue d'Octave à droite. (Cohen, p. 25, 200.) AV.

207. — ANTONIVS IMP. Tête nue de Marc-Antoine à droite. ℞. CAESAR IMP. Caducée. AR.

208. — III. VIR. R. P. C. Tête voilée de la Concorde à droite. ℞. M. ANTON. C. CAESAR. Deux mains jointes tenant un caducée (quinaire). 5 pièces. AR.

209. — Tête nue de Marc-Antoine à droite, derrière le lituus. ℞. M. ANT. IMP. III VIR. R. P. C. Caducée sur un globe entre deux cornes d'abondance. AR.

210. — M. ANTON. IMP. Lituus, præfericulum et corbeau. ℞. LEPIDVS IMP. Simpulum, aspersoir, hache et apex. Pièce fourrée et un quinaire. AR. 2 pièces.

211. — M. ANT. IMP. Lituus, præfericulum et corbeau. ℞. Victoire couronnant un trophée (quinaire). 3 pièces. AR.

212. — Tête de la Victoire ailée. ℞. III VIR R. P. C. Lion marchant (quinaire). 3 pièces. AR.

213. — M. ANTONI IMP. Tête de Marc-Antoine à droite. ℞. III VIR. R. P. C. Tête radiée du Soleil de face dans un temple à deux colonnes. 2 pièces. AR.

214. — Deux autres avec la tête radiée du Soleil à droite. AR. 2 pièces.

215. — ANTONIVS AVGVR. COS DES ITER ET TERT. Tête nue de Marc-Antoine à droite. ℞. IMP. TERTIO III VIR. R. P. C. Tiare orientale, arc et flèche en sautoir. AR.

216. — Marc-Antoine, debout et voilé en habit de grand-prêtre tient le bâton augural. 2 pièces. AR.

217. IMP. TER. Trophée avec épée, bouclier et javelot; au bas, deux boucliers ronds. AR.

218 — Tête de Marc-Antoine. ANTONIVS AVG. IMP. III en deux lignes dans le champ. AR.

219. — M. SILANVS AVG. Q. PRO VOS dans le champ en deux lignes.

220. — Tête de Marc-Antoine. M. ANT. AVG. IMP. III VIR. R. P. C. PRO Q. P. ℞. L. ANTONIVS COS. Tête de Lucius Antonius. AR.

221. — Tête de Marc-Antoine à droite. M. ANT. IMP. AUG. III VIR. R. P. C. L. GELLI Q. P. ℞. Tête nue d'Octave à droite. AR.

222. — Autre avec le nom BARBAT. AR.

223. — Tête de Jupiter Ammon à droite. ℞. SCARPVS IMP. Victoire debout. AR.

224. — Tête de Marc-Antoine à droite. R. CN DOMIT AHENOBARBVS IMP. Proue de vaisseau à droite; au-dessus, un astre. AR.

225. — Tête nue de Marc-Antoine à droite. ℞. PIETAS COS; dans le champ, femme debout tenant un autel allumé et une corne d'abondance sur laquelle sont deux cigognes. AV.

226. — Même type, AR. 2 pièces.

227. — Tête de Marc-Antoine. ℞. Femme debout tenant un gouvernail et une corne d'abondance; à ses pieds, une cigogne. 2 pièces. AR.

228. — C. ANTONIVS M. F. PROCOS. Tête jeune de Caïus Antonius à droite, avec un chapeau à larges bords. R. PONTIFEX. Deux simpulum et une hache. AR. pièce très-rare.

229. — M. ANTONIVS III VIR R. P. C. Tête de Marc-Antoine nu à droite. ℞. P. CLODIVS M. III VIR R. P. C. Génie nu ailé et radié tenant un caducée et une corne d'abondance, le pied appuyé sur un globe; à terre, un aigle et un bouclier. OR. (Cohen, p. 89.)

230. — Tête nue de Marc-Antoine à droite. ℞. D. TVR. Victoire debout tenant une palme et une couronne. AR.

231. — L. PLANCVS PRO COS. Foudre ailé, præfericulum et caducée. AR.

232. — Tête de Marc-Antoine, type de la Sepullia.

233. — C. VIBIVS VARVS. Victoire tenant une corne d'abondance. AR.

234. — ANTONI ARMENIA DEVICTA. Tête de Marc-Antoine derrière une tiare arménienne. ℞. CLEOPATRA REGINAE REGVM FILIORVM REGVM. Tête de Cléopâtre devant une proue de navire. AR.

235. — Même pièce variée. AR.

236. — Tête de Marc-Antoine dans une couronne de lierres et de raisins. ℞. III VIR R. P. C. Ciste mystique; au-dessus la tête d'Octave. Medaillon cistophore. AR.

237. — La même, variée. AR.

238. — Têtes accolées de Marc-Antoine et d'Octave. ℞. Bacchus debout sur un ciste mystique. Médaillon cistophore. AR.

239. — Légions de Marc-Antoine. II. III. IV. IIII. V. VI. VII. VIII. VIIII. IX. X. XI. XII. XIII. XIIII. XIV. XV. XVI. XVII. XVIII. XIX. XX. XXI. XXII. XXIII. 52 pièces. AR.

240. — LEG. XII ANTIQVAE. LEG. XVII CLASSICAE. LEG XVIII LIBICAE. LEG. CHORTIUM PRAETORIANORVM. LEG. CHORTIS SPECVLATORVM. AR. 5 pièces.

241. — Légion restituée par Marc-Aurèle et Lucius Verus. 2 pièces.

242. — M. ANT. IMP. TER. COS. DES. ITER ET TER III VIR. R. P. C. Têtes nues de Marc-Antoine et Octave à droite. ℞. L. ATRATINVS AVG. PRAEF. CLASS. F. C. Un homme et une femme debout dans un quadrige d'hippocampes; à g., H. S.; au-dessus, Δ et un autel. GB. (Cohen, p. 31.)

243. — Autre plus petite inconnue à Cohen. Æ.

244. — Autre, les têtes de Marc-Antoine et d'Octave accolées. Æ.

245. — ATRATINO. Trépied et serpent. ℞. LILBHITAN. Tête diadémée et voilée. De Lylibeum, Sicile. GB.

246. — L. BIBULVS PRAEF. CLASS. F. C. Trois proues de navire, petit bronze, as de la dernière diminution.

247. — Autre avec une seule proue et plus petite. Æ.

248. — Têtes accolées de Marc-Antoine et Octavie. ℞. FONTEIVS CAPITO PRAEF. Une proue de vaisseau. Æ.

249. — Mêmes têtes accolées. M. OPPIVS PRAEF. CLASS. F. C. Une proue; au-dessus, triquetra et tête de Méduse. Æ.

250. — Tête d'Octave à droite. TESSALONICEON. ℞. M. ANT. C. CAESAR. Victoire marchant à gauche. Alliance de deux triumvirs. Æ.

251. — Tête nue de Marc-Antoine a droite. ℞. P. AQVIVS RVFVS LEG. Colon conduisant deux bœufs. Æ. 2 pièces variées.

251 bis. — ΒΑΣΙΛΙΣΣΗΣ ΚΛΕΟΠΑΤΡΑΣ. Tête de Cléopâtre diadémée. ℞. Aigle à g. GB.

252. — Tête de Cléopâtre en Vénus. ℞. Deux Cornes d'abondance attachées par une bandelette. Æ.

253. — Tête de Marc Antoine. ℞. Tête de Cléopâtre. PB.

254. **Appuleia.** ROMA. Saturne dans un quadrige à droite, tenant une faulx; dessous, la lettre E. AR.

255. — Deux autres avec les lettres E. F. AR.

256. — L. SAT. Tête de Pallas à gauche avec le casque ailé. R. Quadrige avec les lettres A. C. D. E. F. 5 pièces, AR.

257. — Tête casquée de Pallas. ℞. L. SATVRN. Quadrige. 70 pièces. AR.

258. — As inédit. AP. Proue de vaisseau. ROMA. Æ.

259. — As, avec EP. ROMA. 3 pièces. Æ.

260. — Semis, triens, sextans. Æ.

261. **Apronia.** 4 variétés. PB.

262. **Aquillia.** CAESAR AVGVSTVS. Tête nue d'Auguste à droite. ℞. L. AQVILLIVS FLORVS III. VIR. Grande fleur. (Cohen, p. 44.) OR.

263. — Le même en argent.

264. — L. AQVILLIVS FLORVS III VIR. Tête radiée du Soleil à droite. ℞. CAESAR AVGVSTVS. Quadrige au pas, à droite; dans le champ, une fleur. AR.

265. — Même légende, buste casqué de la Vertu à droite. ℞. CAESAR AVGVSTVS. L'Empereur tenant un sceptre et une palme dans un bige d'éléphants. AR.

266. — Tête d'Auguste. ℟. L. AQVILLIVS FLORVS III VIR; à l'exergue, SICIL. Soldat debout armé d'un bouclier relevant une femme à genoux. AR.

267. — Tête de la Valeur. ℟. ARME CAPT. Femme couronnée de la tiare, à genoux et tendant les mains. AR.

268. — Tête de la Valeur. ℟. Parthe à genoux. AR.

269. — Tête radiée du soleil. AR.

270. — Tête radiée d'Apollon; devant, X. ℟. MAN. AQVIL. ROMA. Diane dans un bige au galop; quatre étoiles. 5 pièces. AR.

271. — VIRTVS III VIR. Tête casquée de la Valeur à droite. ℟. MAN. AQVIL. MAN. F. MAN. N.; à l'exergue, SICIL. Soldat debout armé relevant une femme à genoux. 8 pièces. AR.

272. **Arria**. M. ARRIVS SECVNDVS. Tête nue de Quintus Arrius à droite. ℟. Haste entre une couronne et une phalère. (Coh., p. 45.) AR.

273. — L. ARRIO PEREGRINO II VIR. Tête radiée d'Auguste. ℟. L. FVRIO LABEONE II VIR. Temple. Corinthe. Æ. 3 pièces variées.

274. **Asinia**. Monétaires. 3 GB., 6 MB., 4 PB. En tout 13 pièces. Æ.

275. **Arruntana**. Tête de Junon voilée à gauche. ℟. C. ARRVNTANVS BALBVS PRO P. Chaise curule. Malthe. Æ.

276. **Atia**. Q. LABIENVS PARTHICVS IMP. Tête nue de Labienus à droite. ℟. Cheval sellé et bridé. (Cohen, p. 48.) AR.

277. — ATIVS BALBVS, PR. Tête du préteur Atius Balbus. ℟. SARDVS PATER. Tête de la province. Æ.

278. **Atilia**. L. ATILI ROM. Victoire dans un bige au galop à droite; ℟. Tête de Pallas. AR.

279. — Autre semblable, d'un style différent. AR.

280. — SARAN. Tête casquée. ℟. M. ATILI ROMA. Dioscures à cheval. 3 pièces. AR.

281. — SAR. Tête casquée. ℟. ROMA. Dioscures. AR. 3 pièces.

282. — M. ATILI. As, semis, triens. 11 pièces. Æ.

283. — M. ATIL. Quadrans. 2 pièces. Æ

284. — SAR. As, semis, triens, quadrans. 13 pièces. Æ.

285. — SAR. Éléphant, uncia. Æ.

286. **Aufidia.** RVS. Tête de Pallas à droite; derrière, XVI. ℟. M. AVF. ROMA. Jupiter dans un quadrige à droite lançant la foudre. AR.

287. — M. AVF. ROMA. As, semis, quadrans. 3 pièces. Æ.

288. — Semis frappé à Paestum, autre tête de Tibère. ℟. C. C. A. C. AVFIDIO GEMELLO J. CAECILIO LEPIDO III VIR. Bœuf. Cæsar Augusta. Æ. 2 pièces.

289. **Aurelia.** Tête de Pallas à droite; derrière, X. ℟. AVR. ROMA. Les dioscures à cheval. AR.

290. — Même pièce. Quinaire. AR. 2 pièces.

291. — Tête de Rome casquée. ℟. AV. ROMA. Diane dans un bige.

292 — L. COTA. Tête de Pallas à droite. ℟. M. AVRELI ROMA. Hercule debout avec une massue dans un bige de centaures à droite, qui tiennent chacun une branche de laurier. 3 pièces. AR.

293. — M. AVRELI ROMA. Tête de Pallas à droite et X. ℟. SCAVRI. L. LI. CN. DOM. Mars nu dans un bige lançant un javelot. 3 pièces. AR.

294. — Tête de Vulcain avec un bonnet lauré; derrière, tenaille. ℟. L. COT. Aigle sur un foudre, différentes lettres de l'alphabet. 13 pièces. AR.

295. — AVR. ROMA. Sextans. Æ. 2 pièces.

296. — As, semis, AVRELI. ROMA. Semis. Æ. 4 pièces.

297. **Autronia.** Tête de Pallas à droite. X. ℟. M. AVT. en monogramme, ROMA. Dioscures à cheval. (Coh., p. 54.)

298. **Axia.** NASO. Tête de Mars à droite, avec un casque orné de deux plumes, S. C. ℟. L. AXSIVS L. F. Diane debout dans un bige de cerfs, suivie par deux chiens et précédée par un autre. AR.

299. — Deux pièces semblables avec variété. AR.

300. — NASO. As et semis frappés en Sicile. 2 pièces. Æ.

301. **Baebia**. Tête de Pallas, X. ℞. TAMP en monogramme, ROMA. Les dioscures à cheval. AR.

302. — Autre, mais le monogramme se trouve sous les dioscures. AR.

303. — Autre, avec variété. AR.

304. — *Victoriat*. Deux pièces; une a le monogramme à rebours. AR.

305. TAMPIL. Tête de Rome casquée. ℞. M. BAEBI Q. F. ROMA. Apollon nu dans un quadrige au galop. 5 pièces AR.

306. — Avec le monogramme TAMP. 6 pièces. Æ.

307. — Q. B. et couronne, semis, quadrans. 3 pièces. Æ.

308. — L. et P. BAEBIVS II VIR QVINQ. Petit bronze de la ville de Dium. Æ.

309. **Barbatia**. M. ANT. IMP. AVG. III. VIR R. P. C. M. BARBAT. Tête nue de Marc-Antoine à droite. ℞. CAESAR IMP. PONT. III VIR R. P. C. Tête nue d'Octave à droite. OR.

310. — Variétés. AR. 2 pièces.

311. **Betiliena**. 7 petits bronzes.

312. **Cæcilia**. Tête de Pallas à droite; derrière, X. ℞. ME. ROMA. Les dioscures à cheval. AR.

313. — *Victoriat* avec le monogramme ME. 3 pièces. AR.

314. — ME. As, semis, triens, quadrans. 6 pièces. AR.

315. — Q. METE. Tête de Pallas; devant X. ℞. Jupiter dans un quadrige au pas, tenant un foudre. AR. 5 pièces.

316. — Q. METE. Semis. Æ. 6 pièces.

317. — Q. METE. Quadrans. Æ. 6 pièces.

318. — Tête de Rome. ℞. M. METELLVS Q. F. Bouclier macédonien sur lequel est une tête d'éléphant. AR. 4 pièces.

319. — Même revers, avec la tête d'Apollon. AR. 3 pièces.

320. — M. METELLVS sur une proue de vaisseau. Semis, quadrans. Æ. 5 pièces.

321. — ROMA. Tête casquée de Rome. ℞. C. METELLVS. Figure couronnée par la Victoire, dans un bige d'éléphants. Æ. 3 pièces.

322. — C. METEL, sur une proue de vaisseau; à l'exergue, ROMA. Semis. Æ.

323. — Tête de Pallas. ℞. PIETAS. Bige; au-dessus, tête d'éléphant. 2 pièces. AR.

324. — ROMA. Tête de Jupiter. ℞. S. Proue; dans le champ, tête d'éléphant, inédite. Semis. Æ.

325. — Semis, quadrans avec ROMA à l'exergue. Æ. 9 pièces.

326. — L. METEL. et ALL. S. F. Tête d'Apollon à droite. ℞. Rome assise couronnée par la Victoire. ROMA en exergue. 2 pièces. AR.

327. — Tête de la Piété; devant cigogne. ℞. Q. C. M. P. I. Éléphant à gauche. 3 pièces. AR.

328. — Tête de la Piété. ℞. IMPER. Præfericulum et lituus dans une couronne de laurier. AR. 3 pièces.

329. — Q. METEL. PIVS. Tête laurée et diadémée à droite. ℞. SCIPIO IMP. Éléphant marchant à droite. AR. 4 pièces.

330. METEL. PIVS SCIPIO IMP.; au-dessus, G. T. A. Femme debout de face avec une tête de lion surmontée d'un globe, et tenant de la main droite un nilomètre, la main gauche sur la poitrine. ℞. P. CRASSVS IVN LEG. PRO. PR. Victoire debout tenant un caducée et un bouclier. AR.

331. — Tête barbue de Jupiter en terme. ℞. Chaise curule, une main, un épi, une balance et une corne d'abondance. AR.

332. — Tête tourelée de femme à droite, épi, caducée et proue. ℞. Trophée entre le lituus et le præfericulum. Æ.

333. *Cistophore*. M. METELLVS PIVS SCIPIO IMPERATOR en légende circulaire; autour, d'un aigle et dexu serpents. ℞. Ciste mystique. AR. Pièce très-rare et très-belle.

334. — Tête d'Apollon ou d'Alexandre le Grand; derrière, C. AE. PR.; dessus, ΜΑΚΕΔΟΝΩΝ. ℞. AESILAS. Massue et trépied, etc. Médaillon. AR.

335. — M. AQUINUS LEG. LIBERTAS. Tête diadémée de la Liberté à droite. ℞. C. CASSI. PROCOS. Le trépied et la cortine. OR.

336. — Tête de Diane sur un bouclier. ℞. ΜΑΚΕΔΟΝΩΝ ΠΡΩΤΗΣ. Massue. Médaillon. AR.

337. — Tête de Pallas. ℞. ΜΑΚΕΔΟΝΩΝ ΤΑΜΙΟΙ ΛΕΥΚΙΟΥ, ΛΑCCINIOY. En quatre lignes. Æ. Belle patine verte.

338. — L. CAECILIVS. Moyen bronze de Tibère frappé à Utique.

339. — Q. CAECIL. NIGRO C. HEIO POLLION II VIR. Bellérophon et la Chimère, médaille frappée à Corinthe. Æ.

340. — METE en monogramme et dans une couronne. Uncia inédit. Æ.

341. **Caecinia.** As. A. CAE. AE. ROMA. Æ. 10 pièces.

342. — Semis, triens, quadrans, sextans. 6 pièces. Æ.

343. **Caesia.** L. CAESI. LA RE. Dieux lares assis. 5 pièces. AR.

344. **Calidia.** Tête de Rome. ℞. M. CALID. Q. MET. CN FOVL. Victoire dans un bige. 5 pièces. AR.

345. **Calpurnia.** Tête casquée. ℞. CN. CALP. ROMA. Les dioscures à cheval. 3 pièces. AR.

346. — Tête casquée. ℞. P. CALP. ROMA. Femme dans un bige au galop, et couronnée par la Victoire. 3 pièces. AR.

347. — Tête de Saturne. ℞. AD. FRV. CMV. EX. S. C. Pison et Cepion assis entre deux épis. 13 pièces. AR.

348. — FRVGI. Tête laurée d'Apollon à droite; devant, un bonnet de dioscure, le tout dans un collier. ℞. PISO. L. F. Cavalier courant à gauche et tenant une torche; dessous, +, au-dessus, un foudre. Provient du Musée Fontana. AR.

349. — Terme entre une couronne et un vase. ℞. M. PISO. M. F. FRVGI. Patère et Secespita dans une couronne de laurier. AR.

350. — Tête jeune en terme, astre, couronne et simpulum. ℞. Comme le précédent. AR.

351. — CN. PISO. PRO Q. Tête de Numa Pompilius à droite, avec un diadème sur lequel on lit NVMA. ℞. MAG. PRO CO. Proue de vaisseau. 2 pièces. AR.

352. — Tête d'Apollon lauré. ℞. PISO FRVGI. Cavalier avec les symboles suivants, tête de Janus, lituus, chouette, scorpion, serpent, palme, etc. 100 pièces. AR.

353. — Autres semblables, mais variées de style. 60 pièces. AR.

354. — Même type, mais la tête à gauche. 11 p. AR.

355. — Tête d'Apollon. ℞. L. PISO FRVGI. Victoire debout, quinaire, variété de lettres. 16 pièces. AR.

356. — L. PISO FRVGI. As et semis. 9 pièces. Æ.

357. — P. CALP. ROMA. Semis et quadrans. 2 pièces. Æ.

358. — CN. PISO III VIR. Tête d'Auguste. 21 pièces. Æ.

359 — L. PISO II QVI COR. Trirème. Æ.

360 — Tête de Marc-Antoine. ℞. L. LIBVLVS. Galère. Æ.

361. — CN. CALPVRNIVS. G. B. 2 pièces. Æ.

362. — Six autres avec la tête d'Auguste. 6 pièces. Æ.

363. **Canidia**. CRAS. Proue de vaisseau. ℞. Crocodile sur une base. Æ.

364. — Tête tourelée d'Alexandrie d'Egypte à droite. ℞. KPAS sous un crocodile, à droite. Médaillon inédit. Æ.

365. **Caninia**. AVGVSTVS. Tête nue d'Auguste à droite. ℞. L. CANINIVS GALLVS III VIR. Parthe à genoux présentant une enseigne. AR.

366. — **Corinthe**. S. P. Q. R. Tête laurée de femme à droite. ℞. L. CANIN. AGRIPPÆ II VIR COR. Deux mains jointes tenant des épis. Æ.

367. — — Temple à six colonnes. Æ.

368. — — Victoire marchant à gauche. Æ.

369. — — ROMAE ET IMPERIO. Tête de femme tourelée. ℞. L. CAN AGRIPPA II VIR. Deux Mains tenant des épis et des pavots. Æ.

370. — — Temple à six colonnes. Æ.

371. — — Victoire à gauche. Æ.

372. — — SER SVLP. GALB. AVG. Tête nue de Galba. ℞. L. CAN AGRIPPÆ II VIR COR. Main tenant des épis et des pavots.

373. — — Temple. Æ.

374. — — Victoire à gauche. Æ.

375. — CAESAR-AVGVSTA. Tête nue d'Auguste. Æ.

376. **Carisia**. Buste de la Victoire. ℞. T. CARISI. Victoire dans un quadrige. 3 pièces. AR.

377. — Buste de la Victoire. ℞. T. CARISI. Bige. AR.

378. — MONETA. Tête de la Monnaie. ℞. T. CARISIVS. Tenailles, coin et marteau, le tout dans une couronne. 2 pièces. AR.

380. — Tête de Sibylle. ℞. C. CARISIVS. Sphinx assis. 4 pièces. AR.

381. — Buste ailé de la Victoire à droite portant une palme. ℞. T. CARISI. Rome casquée assise sur des boucliers, tenant un parazonium et un astre. Quinaire très-rare. (Cohen, p. 77.) AR.

382. — Tête de Diane à droite avec arc et carquois. ℞. T. CAR. ou CARIS. Chien courant. Sesterce. 2 pièces. AR.

383. — IMP. CAESAR AVGVSTVS. Tête d'Auguste nue à droite. ℞. P. CARISIVS LEG. PROPR. Épée recourbée, bouclier, fer de lance. AR.

384. — Même légende, la tête à gauche. ℞. Même légende. Épée courte, casque et bipenne. AR.

385. — Même légende, tête d'Auguste à gauche. ℞. P. CARISIVS LEG. PROPR. Porte de ville sur laquelle on lit : EMERITA. AR.

386. — Même légende, mais on lit sur la porte de la ville : IMIRITA. AR.

387. — Victoriat. P. CARISI LEG. 5 pièces. AR.

388. — Grand bronze de la ville d'Emerita, non publié par M. Cohen. Æ.

389. — Moyen bronze de la ville d'Emerita, avec la tête d'Auguste. Æ.

390. — Tête d'Auguste. ℞. P. CARISIVS LEG AVGVSTI dans le champ. Æ.

391. **Cassia.** Tête de Pallas, X et un vase. ℞. C. CASSI ROMA. La Liberté dans un quadrige tenant une haste et un bonnet. 4 pièces. AR.

392. — As. Tête de Janus surmonté d'un croissant. ℞. C. CASSIVS L. SALINA, ou C. CASSI L. SALIN. Proue de vaisseau sur lequel on lit : D S S. Trois pièces. Æ.

393. — Tête de Vulcain à droite, avec un bonnet lauré ; derrière, tenailles et S•.• ℞. C. CASSI ROMA. Proue de vaisseau à droite. MB. Semis.

394. — Tête de Vénus; derrière, S: signe indiquant 8 onces. ℞. Proue de vaisseau S:. Æ.

395. — Q. CASSIVS VESTA. Tête voilée de Vesta à droite. ℞. Temple de Vesta surmonté d'une statue; dans l'intérieur, une chaise curule; à gauche, une urne; à droite, A.C. 4 pièces. AR.

396. — Tête nue de la Liberté à droite. ℞. Même revers. AR. 3 pièces.

397. — Tête d'Apollon; derrière, un sceptre. ℞. Q. CASSIVS. Aigle sur un foudre entre le lituus et le præfericulum. 4 pièces. AR.

398. — Tête de Bacchus à droite, couronnée de lierre; derrière, un thyrse. ℞. L. CASSI Q. F. Tête de la déesse Libera à gauche. 3 pièces. AR.

399. — Tête voilée et diadémée de Vesta, à droite, derrière le simpulum; devant, lettres diverses. ℞. Sénateur debout, etc. 10 pièces. AR.

400. CAECICIAN. Tête de Cérès à gauche; derrière, lettre. ℞. L. CASSI. Deux bœufs attelés; au-dessus, lettre. 19 pièces. AR.

401. — C. CASSI IMP. Tête laurée de la Liberté à droite, ℞. M. SERVILIVS LEG. Acrostolium. (Cohen, p. 83). OR.

402. — C. CASSI IMP. LIBERTAS. Tête diadémée de la Liberté à droite. ℞. LENTVLVS SPINT. Praefericulum et lituus. (Cohen, p. 83). OR.

403. — La même pièce. AR.

404. — La même pièce, mais la tête de la Liberté est voilée. AR.

405. — Grand bronze avec C. CASSIVS CELER C F A A A F F S C. 4 pièces. Æ.

406. — Moyen bronze. Même légende. 3 pièces. Æ.

407. — — avec la tête d'Auguste. 3 pièces. Æ.

408. **Cesennia.** ΔΟΜΙΤΙΑ ΣΑΒΑΣΤΗ. Tête de Domitia à droite. ℞. ΟΜΟΝΟΙΑ ΕΦΕ ΖΜΙR. ANTI CESENNISAI. Diane d'Éphèse debout. Æ.

409. **Cestia.** Tête de l'Afrique à droite, avec une peau d'éléphant. ℞. C. CESTIVS C. NORBA P. R. Chaise curule sur laquelle est un casque. (Cohen, p. 85). OR.

410. — C. NORBANVS L. CESTIVS. Tête de Vénus à droite, ceinte d'un bandeau. ℞. Cybèle dans un bige de lions; à gauche, S. C. (Cohen, p. 85). Or.

411. **Cipia.** M. CIPI M. F. Tête de Pallas à droite. ℞. ROMA. Victoire dans un bige. 6 pièces. AR.

412. — Tête d'Hercule coiffé d'une peau de lion... ℞. ROMA. M. CIPI M. F. Gouvernail, quadrans. Æ.

413. **Claudia.** C. CLODIVS C. F. Tête de Flore à droite; derrière, une fleur. ℞. VESTALIS. Vestale assise tenant un simpulum. (Cohen, p. 86.) OR.

414. — Même type en argent. 2 pièces.

415. — Tête radiée du Soleil; derrière, un carquois. ℞. P. CLAVDIVS M. F. Croissant entre cinq étoiles. (Cohen, p. 89). OR.

416. — Même type en argent. 2 pièces.

417. — Tête d'Apollon à droite; derrière, une lyre. ℞. P. CLODIVS M. F. Diane debout tenant deux torches. 3 pièces. AR.

418. — CAESAR III VIR R P. C. Tête nue d'Octave à droite. ℞. P. CLODIVS M. F. Mars nu, casqué, debout, tenant une haste et le parazonium.

419. — MARCELLINVS. Tête nue de Marcellus à droite, derrière le triquetra. ℞. MARCELLVS COS QUINQ. Marcellus portant les dépouilles opimes de Virodomar dans le temple de Jupiter Férétrien. 3 pièces. AR.

420. — Même pièce restituée par Trajan. AR.

421. — Cistophore de Appius Pulcher de Pergame. Ciste mystique avec les monogrammes AΠ-ΠE. Médaillon. AR.

422. — Tête casquée. ℞. C. CLODIVS. Victoire dans un bige. 2 pièces. AR.

423. — Buste de Diane avec arc et carquois sc. ℞. TI CLAVD. T. F. AP. N. Victoire dans un bige au galop, tenant une longue palme et une couronne; dessous, chiffres variés. 42 pièces. AR.

424. — PVLCHER TAVRVS REGVLVS. 10 pièces. PB.

425. — Corinthe. NERO CLAVD CAES. AVG. Tête de Néron. ℞. TI. CLAVDIO OPTATO II VIR COR. Bellérophon monté sur Pé gase. Æ.

426. — Tête de Néron. ℞. TI CLAVDIO ANANILAO II VIR COR. Génie en toge debout. Æ.

427. — Même. ℞. TI CLAVDIO OPTATO II VIR COR. et ISTEMIA. Æ. 2 pièces.

428. — Même pièce, avec RVFVS PROCOS. — Autre, avec OPTATO PLVTONO SICVLO. 2 pièces. Æ.

429 — Agrigente. AVGVSTI PP. Tête d'Auguste à droite. ℞. L. CLAVDIO RVFO PRO CO dans le champ; en légende circulaire, SEX REG ET SALASSO II VIR. MB. très-rare. Æ.

430. **Clovia**. SAX; en monogramme, ROMA. As. 7 pièces. Æ.

431. — C. SAX, semis; SAX, triens, quadrans. 5 pièces. Æ.

432. — Plomb, SAX; as, C. SAX ROMA. 6 pièces. Æ.

433. — Semis, triens, quadrans. 7 pièces. Æ.

434. — C. CLOVI PRAEF. Pallas casquée marchant, un trophée sur l'épaule; six javelots et un bouclier; à ses pieds, un serpent. 5 pièces. Æ.

435. **Cloulia**. Tête de Pallas à droite; dessous, ROMA. ℞. T. CLOVI. Victoire dans un bige au galop; à terre, un épi. 5 pièces. AR.

436. — Victoriat, Victoire couronnant un trophée, lettres variées, 21 lettres, tout l'alphabet. 21 pièces. AR.

437. **Coeceia**. M ANT. IMP. AVG. III VIR R P C M NERVA PRO Q P. Tête nue de Marc-Antoine, à droite; derrière, praefericulum, ℞. L. ANTONIVS COS. Tête nue de Lucius Antonius à droite. AR.

438. **Coelia**. Tête de Pallas à droite. ×. ℞. L. COIL. ROMA. Les dioscures à cheval à droite. 3 pièces. AR.

439. — Tête casquée. ℞. CALD. Victoire dans un bige, lettres variées. 32 pièces. AR.

440. — Tête de Pallas. C. COIL. CALD. Victoire dans un bige, lettres variées. 25 pièces. AR. 1 en plomb.

441. — CALDVS III VIR. Tête radiée du soleil à droite; devant, un bouclier rond; derrière, un bouclier ovale. ℞. Tête nue de Cælius Caldus. AR. 2 pièces.

442. — C. CAEL. CALDVS. Tête du consul. ℞. C. CALDVS IMP. L. CALDVS VIR. Sanglier, trophée et enseigne sur laquelle on lit, HIS. 7 pièces variées. AR.

443. — **Cominia**. Chypre. TI CLAVDIUS CAESAR P. M. TR. POT. Tête de Claude à gauche. ℞. ΕΠΙ. ΚΟΜΙΝΙΟΙ. ΠΡΟΧΟΙ ΑΝΤΙΠΑΤΟ ΚΥΠΡΙΩΝ. Le proconsul Cominius. Æ.

444. **Considia**. C. CONSIDI NONIANI S. C. Tête diadémée de Vénus à droite. ℞. Temple de Vénus Erycine sur le sommet d'une montagne; au-dessus de la grande porte on lit ERVC. 2 pièces. AR.

445. — Tête d'Apollon; derrière, A. ℞. C. CONSIDI PAETI. Chaise curule. 3 pièces. AR.

446. — Idem, avec C. CONSIDIVS PAETVS. 3 pièces. AR.

447. — Tête de Vénus. ℞. Quadrige à droite. autre Quadrige à gauche. 6 pièces. AR.

448. — PAETI. Tête de Vénus. ℞. Victoire à droite. Quinaire. AR.

449. — PAETI. Tête de Vénus. ℞. Victoire à gauche. Quinaire. AR.

450. — C. CONSIDI, ou C. CONSIDIVS. Tête de Cupidon à droite. ℞. Globe et double corne d'abondance. 2 pièces. AR.

451. **Coponia**. Q. LICINIVS III VIR. Tête diadémée d'Apollon à droite; dessous, une étoile. ℞. C. COPONIVS P. R. S. C. Massue couverte de la peau de lion, inédite, double de grandeur de celle connue. AR.

452. — La même, modèle ordinaire. AR.

453. — La même, avec la tête à gauche. AR.

454. — CORDIA MAN. CORDI. Tête radiée du soleil à droite. ℞. RVFVS. Aigle éployé. Quinaire. AR.

455. — M. CORDIVS, ou MAN. CORDI. Casque. ℞. Cupidon dansant tenant une couronne et une palme. Sesterce. 2 pièces. AR.

456. — Q. RUFVS III VIR. Têtes accolées des dioscures à droite; en haut, deux étoiles. ℞. MAN. CORDIVS. Vénus debout tenant des balances; sur ses épaules le buste de Cupidon. 5 pièces. AR.

457. — RVFVS S. C. Tête diadémée de Vénus à droite. ℞. MAN. CORDIVS. Cupidon sur un dauphin. 4 pièces. AR.

458. — RVFVS. Chouette sur un casque. ℞. MAN. CORDIVS. Égide, au milieu, la tête de Méduse. 5 pièces. AR.

459. **Cornelia.** SISENA ROMA. Tête de Pallas casquée, X. ℞. CN. CORNEL. C. F. Jupiter dans un quadrige foudroyant un géant; dans le champ, le soleil, la lune et deux étoiles. AR. 2 pièces.

460. — Tête de Jupiter à gauche. ℞. L. SCIP. ASIAG. Jupiter dans un quadrige, tenant un foudre et un sceptre. 40 pièces. AR.

461. — CINA ROMA. As, semis, triens, quadrans, sextans. 12 pièces.

462. — P. BLAS. As, semis, triens, quadrans, sextans. 13 pièces. Æ.

463. — ROMA. Tête laurée de Janus. ℞. CN. BLASIO CN. F. CN. N. Victoire érigeant un trophée. As. 2 pièces. Æ.

464. — CN. BLASIO CN. F. Tête casquée à droite de Scipion l'Africain, ℞. Jupiter, Junon, et Pallas debout; dans le champ, ROMA. 27 pièces. AR.

465. — Buste d'Hercule à droite; derrière, un bouclier. ℞. LENT. MAR. F. Rome couronnée par le génie du peuple romain. 20 pièces. AR.

466. — Même médaille, avec les lettres B. C. N. M. au revers, au lieu de ROMA, les lettres P. E. S. C. 4 pièces. AR.

467. — Buste casqué de Mars à droite, avec un sceptre. ℞. CN. LENT. Victoire dans un bige, tenant une couronne. 3 pièces. AR.

468. — Victoriat avec CN. LENT. 3 pièces. AR.

469. — G. P. R. Génie du peuple romain à droite; derrière, un septre. ℞. CN. LEN. Q. CN. S. C. Globe, gouvernail, sceptre et couronne. 3 pièces. AR.

470. — Le même. LENT. CVR. FL. CN. SC. 6 pièces. AR.

471. — Q. S. C. Tête nue et barbue d'Hercule à droite. ℞. P. LENT. P. F. L. N. Le Génie du peuple romain sur une chaise curule et une haste, le pied sur un globe; une Victoire vole devant lui et le couronne. AR.

472. — Triquetra, épi et tête de Méduse. ℞. LENT. MAR. CO. Jupiter nu debout, tenant un foudre et un aigle; dans le champ, une faulx. AR.

473. — L. LENT. C. MARC. COS. Tête de Jupiter. ℞. Le même, étoiles et Q. AR.

474. — Tête à droite de Jupiter Pluvius. ℞. L. LENT. C. MARC. COS. Diane d'Éphèse debout, avec ses supports. AR.

475. — NERI. Q. VRB. Tête de Saturne à droite; derrière, la Harpa. ℞. L. LENT. C. MARC. COS. Aigle légionnaire entre deux enseignes militaires. AR.

476. — As. CN. LENTVL. Tinacria. Æ. 3 pièces.

477. — Tête de Pallas à droite, le casque ailé, ✕. ℞. P. SVLA ROMA. Bige. 2 pièces. AR.

478. — AVGVSTVS. Tête d'Auguste à droite. ℞. L. LENTVLVS FLAMEN. MARTIALIS. Le Flamine Martial couronne la statue de J. César. AR.

479. — Tête et légende semblable. ℞. COSSVS CN. F. LENTVLVS. Statue équestre portant un trophée. AR.

480. — Tête de Pallas avec l'égide à droite, couronnée par la Victoire. ℞. Sylla et Mithridate se donnent la main; derrière Mithridate, vaisseau et enseigne. AR. 2 pièces.

481. — Même pièce, avec une autre tête, erreur monétaire. AR.

482. — L. MANLI. PRO Q. Tête de Pallas à droite. ℞. L. SVLLA IMP. Sylla dans un quadrige au pas à droite, couronné par la Victoire. AV. (Cohen, p. 107. n. 42.)

483. — 12 Pièces. AR., variées et quelques-unes inédites.

484. — Tête de Janus barbu et lauré. ℞. L. SVLA; à l'exergue, IMPE. Proue de vaisseau. Pièce unique et inédite. Æ.

485. — L. BVCA. Tête de Vénus à droite. ℞. Songe de Sylla. AR. (Cohen, p. 107.)

486. — L. SVLLA. Tête diadémée de Vénus à droite. ℞. Cupidon tenant une longue palme. 2 pièces. AR.

487. — Tête de Vénus. ℞. Double corne d'abondance remplie de fruits; dans le champ, Q. AR.

488. — SVLLA COS. Tête de Sylla. ℞. RVFVS COS. Q. POMPEI Q. F. Tête de Pompeius Rufus. 2 pièces. AR.

489. — Même légende, chaise curule. ℞. Chaise curule. 2 pièces. AR.

490. — FAVS. Tête d'Hercule à droite. ℞. Globe entre quatre couronnes; en bas, acrostolium et epi. 6 pièces. AR.

491. — S. C. Tête de Vénus à droite. ℞. Trois trophées entre le præfericulum et le lituus. 3 pièces. AR.

492. — FAVSTVS. Tête diadémée de Diane, surmontée d'un croissant; derrière, le lituus. ℞. FELIX. Sylla assis sur une estrade; dessous, Bacchus et Jugurtha à genoux. 2 pièces. AR.

493. — FEELIX. Tête de Bacchus a droite, couvert de la peau de lion. ℞. FAVSTVS. Diane dans un bige au galop, tenant le lituus; dans le champ, quatre étoiles. 2 pièces. AR.

494. — C. CASSI IMP. LIBERTAS. Tête voilée ou diadémée de la Liberté à droite. ℞. LENTVLVS SPINT. præfericulum et lituus. 2 pièces. AR.

495. — LENTVLVS SPINT. Præfericulum et lituus. ℞. BRVTVS. Hache. simpule et sesespita. AR.

496. — C. CAESAR III VIR. R. P. C. Tête nue d'Octave à droite. ℞. BALBVS PRO PR. Massue. AR.

497. — AESILLAS Q. Ciste, massue et table carrée. ℞ MAKEΔONΩN. Tête d'Alexandre le Grand. Médaillon. AR.

498. — Deux monnaies du roi Juba, trouvées avec des monnaies consulaires à Bénévent. 2 pièces. AR.

499. — SISENNA. MESSALA. APRONIVS. 5 PB. Æ.

500. — AVGVSTVS. Tête d'Auguste. ℞. SISENNA PRO COS L. STA P. COTTA II VIR en quatre lignes, dans une couronne. MB. frappé en Sicile.

501. — Même pièce, avec L. STATIVS FLACCVS P. COTTA BAL. II VIR. MB.

502. — M. AGRIPPA L. F. COS. III. Tête d'Agrippa avec une couronne rostrale ℞. C. C. D. SCIPIONE ET MONTANO III VIR. Figure voilée conduisant deux bœufs. MB. de Cæsaraugusta.

503. — Même pièce, avec Germanicus. MB.

504. — Même pièce, avec Caligula. MB.

505. — TI. CAESAR AVGVSTVS. Tête laurée de Tibère. ℞. COR. FLOR. L. CAE. ALACRE III VIR MVN. ERCAVICA. Bœuf debout. MB. de Ercavica.

506. — Tête de Caligula. ℞. MVN. AVG. BILBILIS C. CORA. REFEC. L. MER. POMP. II VIR dans une couronne de laurier. MB. de Bilbilis.

507. — C. V. I. CELSA III VIR. Tête d'Auguste. ℞. L. CORNEL. FRONT. L. POMP. RVF. Bœuf. Æ. Celsa.

508. — Même pièce, avec SEX. CETHEGO. Æ.

509. — COL. VIC. IVL. LEP. Buste de femme à droite. ℞. L. LEP. L. SVR bœuf. Æ.

510. **Cornuficia.** Tête de l'Afrique à droite, avec la peau d'éléphant. ℞. Q. CORNVFICI AVG. IMP. Cornuficius debout en toge, voilé et tenant le lituus, Junon Sospita le couronne. Superbe conservation. AR.

511. — La même, tête de Jupiter Ammon à gauche fourrée. AR.

512. **Cosconia.** COSCO. Tête de Pallas à droite. X. ℞. L. LICI CN. DOM. Mars nu dans un bige au galop, lançant un javelot. AR. 4 pièces.

513. **Cossutia.** CAESAR DIC IN PERPETVS. Tête voilée et laurée de Jules César à droite. ℞. C. MARIDIANVS. Vénus debout tenant une Victoire et un bouclier, à ses pieds un globe. Très-rare. AR.

514. — La même, avec CAESAR DICT. PERPETVO. AR.

515. — CAESAR PARENS PATRIAE. Tête laurée et voilée de Jules César, entre l'apex et le lituus. ℞. C. COSSVTIVS MARIDIANVS A. A. A. F. F. en quatre lignes en croix. AR.

516. — SABVLA. Tête de Méduse à gauche. ℞. L. COSSVTI. C. F. Bellérophon à cheval sur Pégase; dans le champ, les chiffres VIII. VIIII. X. XI. XII. XIII. XV. XX. XXIIII. XXVII. XXX. XXXV. XXXXI. 12 pièces. AR.

517. **Crepercia.** Buste d'Amphitrite à droite; derrière, un symbole, devant une lettre. ℞. Q. CREPEREI M. F. ROCVS. Neptune dans un bige d'hippocampes, à droite; une lettre dans le champ. 6 pièces. AR.

518. **Crepusia.** L. CENSORIN. Tête voilée de Junon. MONETA. ℞. P. CREPVSI. A l'exergue, C. LIMETAN. Junon tournée de côté dans un bige au galop. 2 pièces. AR.

519. — Avec C. LIMETAN. A l'exergue, P. CREPVSI. 16 pièces. AR.

520. — Tête jeune et laurée de Jupiter, avec un sceptre. Symbole. ℞. Cavalier à droite tenant un javelot: à l'exergue, P. CREPVSI. DXVIIII. AR.

521. — La même commune. 76 pièces. AR.

522. **Critonia.** AED PL. Tête de Cérès à droite, couronnée d'épis. ℞. M. FAN. L. CRIT, deux hommes en toge assis; devant, un épi; derrière, P. A. AR.

523. **Cupienna.** Tête de Pallas; à droite, X, et une corne d'abondance. ℞. L. CVP. ROMA. Les Dioscures à cheval, à droite. 3 pièces. AR.

524. — C. CVP. ROMA. Proue de vaisseau à droite. Semis. Æ.

525. **Curiatia.** TRIG ou TRIGE. Tête casquée de Pallas; à droite, X. ℞. C. CVR. ROMA. Femme dans un quadrige, à droite, tenant un sceptre et couronnée par la Victoire. 3 pièces. AR.

526. — Semis. Inconnu à Cohen. 2 pièces. Æ.

527. — Semis. Avec une Victoire sur la proue. 3 pièces, Æ.

528. — Triens, quadrans avec la Victoire sur la proue. 5 pièces. Æ.

529. — Autres à peu près semblables. 14 pièces. Æ.

530. — **Curtia.** Q. CVRT. Derrière, X. Tête de Pallas avec le casque ailé. ℞. CN. DOMI. Jupiter dans un quadrige au galop, lançant la foudre. Pièce de la plus grande rareté et inédite. AR.

531. — Semblable, avec M. SILA ROMA. 3 pièces. AR.

532. — CN DOMI. Tête d'Hercule à droite avec la peau de lion... ℞. M. SILA Q. CVRTI. Arc et flèche. Quadrans. Æ. 2 pièces.

533. **Decia**. Tête de Pallas; à droite, X. ℞. Les Dioscures à cheval allant à droite; dessous, un bouclier ovale et un carninx en sautoir. AR.

534. **Decimia**. Tête de Pallas à droite. ℞. FLAVS ROMA. Diane dans un bige. AR.

535. **Didia**. ROMA. Tête de Pallas à droite. ℞. T. DEIDI. Centurion fouettant un soldat. 4 pièces. AR.

536. — P. FONTEIVS CAPITO III VIR CONCORDIA. ℞. T. DIDI VIL PVB. Portique à un double rang de colonnes. 3 pièces. AR.

537. **Domitia**. Tête de Pallas. ℞. CN DO ROMA. Dioscures à cheval. 2 pièces. AR.

538. CN DOMI ROMA. Jupiter dans un quadrige au pas, tenant un foudre et un rameau. 3 pièces. AR.

539. — Tête de Pallas. ℞. Victoire dans un bige. AR. 3 pièces.

540. — As. CN, DOMI ROMA. Proue de vaisseau. 3 pièces. AR.

541. — Semis. 4 pièces. Æ.

542. — Triens (Coh., p. 124). 2 pièces. AR.

543. — Quadrans. DOMI et DOME. 1 pièce. Æ. 1 pl.

544. — Quadrans. DEOMI ROMA. Æ.

545. — Médailles appartenant aussi aux familles Aurelia, Cosconia, Poblicia, Pomponia, Porcia. 5 pièces. AR.

546. — AHENOBAR. Tête nue de Ahenobarbus à droite. ℞. CN. DOMITIVS IMP. Trophée sur une proue de vaisseau. AR.

547. — Une autre semblable. AR.

548. — M. ANT. III VIR R. P C. Tête nue de Marc-Antoine à droite; derrière le lituus. ℞. CN DOMIT AHENOBARBVS IMP. Proue de vaisseau; au-dessus, un astre. (Cohen, p. 125.) OR.

549. — Même pièce en argent.

550. — OSCA. Tête virile nue et barbue à droite. ℞. DOM COS ITER IMP. Simpulum, aspersoir, hache et bonnet de flamine. AR.

551. **Duillia**. As. Tête de Janus. ℞. MD en monogramme (Marcus Duillius), selon Borghesi. ROMA. Un bœuf sur la proue de vaisseau. Æ. 4 pièces.

552. — Semis, triens, quadrans, sextans, uncia. 6 pièces. Æ. Cette collection est unique.

553. **Durmia.** CAESAR AVGVSTVS. Tête d'Auguste nue, à droite, ℞. M. DVRMIVS III VIR. Crabe tenant un papillon. (Cohen. p. 128, nº 8.) OR.

554. — HONORI M. DVRMIVS III VIR. Tête diadémée de l'Honneur, à droite. ℞. CAESAR AVGVSTVS. Auguste tenant un sceptre, dans un bige d'éléphants, à droite. AR,

555. — Même tête. ℞. CAESAR AVGVSTVS S. C. Quadrige au pas, à droite; au-dessus, une fleur. AR.

556. — CAESAR AVGVSTVS. Tête nue d'Auguste à droite. ℞. M. DVRMIVS III VIR. Sanglier percé d'une flèche. AR.

557. — Même tête. ℞. M. DVRMIVS III VIR. Lion dévorant un cerf. AR.

558. — M. DVRMIVS III VIR. Même tête. ℞. CAESAR AVGVSTVS SIGN. RECE. Parthe à genoux présentant une enseigne militaire. AR.

559. **Egnatia.** MAXVMVS. Tête diadémée de Vénus à droite; derrière, Cupidon. IIII. ℞. C. EGNATIVS CN. F. CN. N. Femme dans un bige au pas à gauche, couronnée par la Victoire; derrière, un bonnet de la Liberté. AR.

560. — La même, sans IIII. Singularité numérale. 2 pièces. AR.

561. — Même légende. Buste ailé de Cupidon à droite, avec un arc et un carquois. ℞. C. EGNATIVS CN. F. CN. N. Jupiter et Junon debout sous un portique. AR.

562. — 6 semblables avec les numéros VII, VIIII, XXIIII, XXVI, XXVII, XXX. AR.

563. — Même légende. Tête de la Liberté; derrière, un bonnet. ℞. Rome et Vénus tenant une rame sur une proue. AR.

564. — 12 pièces semblables, avec lettres variées. AR.

565. **Egnatuleia.** C. EGNATVLEI C. F. Tête d'Apollon. ℞. ROMA. Victoire couronnant un trophée. 11 pièces. Quinaire. AR.

566. **Eppia.** Q. METEL. SCIPIO IMP. Tête de l'Afrique à droite, avec la peau d'éléphant; à droite, un épi; dessous, une charrue. ℞. EPPIVS LEG. F. C. Hercule au repos debout, avec la massue et la peau du lion. AR.

567. — EPPIVS LEG. Tête de Janus. ℞. Proue de vaisseau. As. Æ.

568. — MAGN. PIVS IMP. Tête laurée de Janus, serpent. ℞, Proue de vaisseau. Æ.

569. — As. LAVS IVL. CORINT. Tête de Jules César à droite. ℞. L. CERTO EPPIO C. FVRIO II VIR. Pégase volant. 2 pièces. Æ.

570. **Fabia.** MA en monogramme. ROMA. Tête de Pallas à droite. ℞. Les dioscures à cheval à droite. AR.

571. — MA en monogramme. ROMA. Quinaire inédit. AR.

572. — Triens inédit, MA en mon. Quadrans, tête d'Hercule. ℞. MA. ROMA. Proue; sextans, MA à droite de la proue; 3 autres avec MA en travers; autre avec un astre près la tête de Mercure. 9 pièces. Æ.

573. — LABEO ROMA. Tête de Pallas, X. ℞. Q. FABI. Jupiter dans un quadrige; sous les chevaux un éperon de navire. 4 pièces. AR.

574. — Quadrans. Tête d'Hercule et trois points. ℞. Q. FABI ROMA. Proue de vaisseau et trois points. Æ.

575. — Q. MA. ROMA. Tête de Pallas. ℞. Corne d'abondance remplie de fruits. 2 pièces. AR.

576. — Même pièce, mais avec la tête d'Apollon. 2 pièces. AR.

577. — Quadrans. Q. MAN. ROMA. 4 pièces. Æ.

578. — N. FABI. PICTOR ROMA QVIRIN. Homme casqué assis, avec un manteau; il tient une haste. Lettres variées 22 pièces. AR.

579. — EX. A. A. Tête voilée et tourellée de Cybèle à droite. ℞. Bige. 55 pièces. AR.

580. — Victoire dans un quadrige; dessous, les lettres C. F. L. R. Q. M. 2 pièces. AR.

581. — Victoire dans un quadrige, L. FABI. L. F. HISP.; cette médaille se met aussi à la famille Annia. AR.

582. — As. Tête de Janus laurée. ℞. C. FABI. L. F. ROMA. Proue de vaisseau; sur l'éperon, une cigogne. Æ.

583. — MVN CAL. I. II VIR. Tête nue d'Auguste à droite. ℞. M. ANTONI. FABI. Bœuf debout, Calagurris. Æ.

584. — Même pièce, avec la même tête, frappée à Cæsaraugusta.

585. **Fabrinia**. Semis. M. FABRINI ROMA. Proue, 3 triens, 3 quadrans, 4 sextans, 11 pièces. Æ.

586. **Fadia**. Monnaie frappée à Pestum. 2 pièces, 4 f.

587. **Fannia**. Très-curieux cistophore d'Ephèse du proconsul en Asie, Caïus Fannius, sous Pompée. C. FAN. PONT PR.; à gauche, ΠS; dessous, ΕΦΕ; à l'exergue, ΑΡΧΙΔΗΜΟΣ. Ciste mystique, publiée par Borghesi. Pièce d'une très-grande rareté. AR.

588. — AED PL. Tête de Cérès à droite couronnée d'épis. ℞. M. FAN. L. CRIT. Deux hommes en toge assis. EP. et P.A. AR.

589. — M. FAN C. F. Victoire dans un quadrige. 3 pièces. AR.

590. **Farsuleia**. Tête de la Liberté; devant, S. C.; derrière, un bonnet et MENSOR. ℞. L. FARSVLEI. Figure militaire casquée dans un bige donnant la main à une figure en toge; dans le champ, scorpion. 44 pièces. AR.

591. **Flaminia**. III VIR PRI FLA. Tête diadémée de Vénus à droite. ℞. L. FLAMINI CHILO. Victoire dans un bige au galop. 2 pièces. AR.

592. — Autre, avec L. FLAMINI CILO. 5 pièces. AR.

593. — Tête laurée de Jules César, à droite. ℞. L. FLAMINIVS IIII VIR. Femme debout tenant un caducée et une haste. AR.

594. **Flavia**. FLAV. HEMIC LEG. PRO PR. Tête nue d'Apollon à droite; devant, une lyre. ℞. Q. CAEP. BRVT IMP. Victoire couronnant un trophée. AR.

595. — M. TESTO L. BACCIO. Bœuf, de Celsa. Æ.

596. **Fonteia**. Tête de Fontus, fils de Janus; lettres variées. ℞. C. FONT. ROMA. Galère avec des rameurs. 26 p. AR.

597. — Têtes accolées des Dioscures, à droite. ℞. MAN FONTEI. Galère, lettres variées. — Autres, avec DEI PENATES. 18 pièces. AR.

598. — C. FONT. ROMA. Tête de Janus. ℞. Proue. Semis et quadrans. 2 pièces. Æ.

599. — MAN. en monogramme, FONT. As, tête de Janus et vaisseau. Æ.

600. — As et semis. Bonnet des dioscures sur la proue de vaisseau. 2 pièces. Æ.

601. — EX. A. P. Tête laurée d'Apollon à droite. ℞. Amour sur une chèvre. 2 pièces. AR.

602. — MAN. FONTEI C. F. ℞. Amour sur une chèvre. 15 pièces. AR.

603. — P. FONTEIVS P. F. CAPITO III VIR. Buste de Mars. ℞. MAN. FONT. TR. MIL. Cavalier avec un casque à deux cornes tenant une haste et foulant deux ennemis aux pieds. 5 pièces. AR.

604. — Tête diadémée et voilée de la Concorde. ℞. T. DIDI. IMP. VIL. PVB. Portique avec double rang de colonnes. 2 pièces. AR.

605. — DIVVS AVGVSTVS CAPITO III VIR. Tête radiée d'Auguste. ℞. Victoire à gauche tenant palme et couronne. — Colonie de Corinthe. Æ.

606. **Fulcinnia**. Tête de Pallas à droite. ℞. ΛΕΥΚΙΕΥ ΦΟΥΚΙΝΝΙΟΥ ΤΑΜΙΟΥ en trois lignes. Frappée en Macédoine. Æ.

607. **Fufia**. KALENI HO VIRT. Tête laurée de l'Honneur et casquée de la Vertu. ℞. CORDI ITAL. RO. L'Italie et Rome se donnant la main. 3 pièces. AR.

608 **Fulvia**. ROMA. Tête de Pallas. ℞. C. FOVL. M. CAL. Q. MET. Bige. — Autre. M. CALID. Q. MET. CN. FL. Bige. 4 pièces. AR.

609. — IMP. AVGVSTVS PATER PATRIAE. Tête d'Auguste, laurée, à droite. ℞. C. FVL. RVTILO M. LICI CAPE II VIR. Bœuf. Calagurris. Æ.

610. — AGRIPPINA AVGVSTA. Tête d'Agrippine jeune à droite. ℞. Q. FVL. FLACCO II VIR COR. Femme dans un quadrige à droite. Æ.

611. **Fundania**. Lettres différentes, tête de Pallas. ℞. C. FVNDAN Q. Triomphateur dans un quadrige au pas, à droite ; un des chevaux est monté par un jeune homme. 19 pièces. AR.

611 bis. — Victoriat. AR. 10 pièces.

612. **Furia**. Tête de Pallas à droite. ℞. ΓVR en monogramme (purpureus). ROMA. Dioscures à cheval. AR.

613. — FVR ROMA. Diane dans un bige au galop à droite. 4 pièces. AR.

614. — As, FVR ROMA. 4 pièces. Æ.

615. — L. F. P. en monogramme. ROMA. Proue de vaisseau sur laquelle est une Victoire. Æ.

616. — Semis varié, sextans inédit. 3 pièces.

617. — L. FVRI. ROMA. Proue. As, triens. 2 pièces. Æ.

618. — M. FOVRI. L. F. Tête laurée de Janus. ℞. PHILI ROMA. Rome casquée couronne un trophée. 6 pièces. AR.

619. — BROCCHI III VIR. Tête de Cérès à droite. ℞. L. FOVRI CN. F. Chaise curule entre deux faisceaux et des haches. 4 pièces. AR.

620. — Tête tourellée de Cybèle à droite; derrière, un pied. ℞. P. FOVRIVS sur une chaise curule; à l'exergue, CRASSIPES. 6 pièces. AR.

621. — L. FVRIO LABEONE II VIR. Tête d'Auguste radiée à gauche. ℞. ARRIO PEREGRINO II VIR COR. Temple à six colonnes. — Autre avec AVGVSTI sur le péristyle du temple, Corinthe. Æ. 3 pièces.

622. — Grands et moyens bronzes. C. GALLIVS LVPERCVS, avec la tête d'Auguste, etc. 10 pièces. Æ.

623. **Gargilia**. Tête d'Apollon laurée à droite. ℞. GAR OGVL VER. Jupiter foudroyant dans un quadrige au galop. AR.

624. — As. ℞. Même légende, proue avec les lettres I K O T. 4 pièces. Æ.

625. **Gellia**. CN. GEL., ou GELI ROMA. Mars casqué dans un quadrige au galop, enlevant Nérienne. 5 pièces. AR.

626. — Semis, quadrans, CN. GEL. ROMA. Proue. 4 pièces. Æ.

627. — M. ANT. IMP. AVG. III R. P. C. Tête de Marc-Antoine nue à droite; derrière, le præfericulum. ℞. CAESAR IMP. PONT. III VIR R. P. C. Tête nue d'Octave à droite; derrière, le lituus. AR.

628. — M. GELLIO. Tête de Caligula, Pégase. Corinthe. Æ.

629. — Tête de Commode jeune. ℞. OMONOIA. ΣMVR NEIKOM M. ΣΤΡΑ M. ΓΕΛΛΙΟΙ, deux amazones se donnant la main; l'une tient un gouvernail et l'autre une bipenne, alliance entre Smyrne et Nicomédie. Æ.

630. **Gessia.** ΚΛΑVΔΙΟΝ ΣΕΒΑΣΤΩΝ ΑΓΡΙΠΠΙΝΑΝ. Tête de Claude et d'Agrippine. ℞. Α. ΓΕΣΣΙΩΣ ΦΙΛΟΠΑΤΡΙΣ ΣΜΥ. Victoire à droite tenant un caducée. Æ.

631. **Herennia.** PIETAS. Tête de la Piété à droite. ℞. M. HERENNI. Un des frères de Catane portant son père dans ses bras; variété de lettres, soit à la tête, soit au revers. 55 pièces. AR.

632. — Tête de Pallas à droite. ℞. M. HERENNI ROMA. Double corne d'abondance remplie de fruits. Uncia inédit. Æ.

633. — Once semblable, sans autre légende que ROMA. Æ.

634. **Hirtia.** C. CAESAR COS. TER. Tête voilée de la Piété à droite. ℞. A. HIRTIVS P. R. Lituus, præfericulum et hache. (Cohen, p. 150.) OR.

635. **Horatia.** Tête de Pallas à droite, X. ℞. ROMA. Les dioscures à cheval allant à droite; dessous, la tête de Clélie. AR. 2 pièces.

636. **Hosidia.** GETA III VIR. Buste diadémé de Diane à droite, arc et carquois. ℞. C. HOSIDI. C. F. Sanglier percé d'une flèche et assailli par un chien; pièces dentelées. 8 pièces. AR.

637. **Hostilia.** Tête de Vénus à droite. ℞. HOSTILIVS SASERNA. Victoire marchant, portant un trophée et un caducée. AR. 6 pieces.

638. — Tête de la Peur; derrière, un bouclier oblong. ℞. Homme nu, les cheveux hérissés, sur un bige que conduit un homme nu assis. 6 pièces. AR.

639. — Tête de la Pâleur à droite; derrière, trompette gauloise. ℞. L. HOSTILIVS SASERNA. Diane d'Éphèse, tenant une haste d'une main, de l'autre un cerf par les cornes. 5 pièces. AR.

640. — Uncia. Tête de Pallas à droite; derrière, . ℞. L. H. TVB. dans une couronne de chêne. ROMA. Très-rare. Æ.

641. **Itia.** Tête de Pallas à droite. ℞. L. ITI. ROMA. Les dioscures à cheval à droite. AR.

642. **Julia.** (Toutes les monnaies de cette famille sont représentées dans cette collection.) Tête de Pallas à droite, X, et un ancre. ℞. SEX. IVLI CAESAR. Vénus couronnée par Cupidon dans un bige au galop. 3 pièces. AR.

643. — Tête de Pallas à droite, XVI. ℞. L. IVLI. ROMA. Les dioscures à cheval. 4 pièces. AR.

644. — L. IVLI. Victoire dans un bige. 5 pièces. AR.

645. — As inédit, avec le nom de L. IVLI. Æ.

646. — Tête casquée de Pallas à gauche, une lettre avec ou sans point. ℞. Vénus dans un char conduit par deux Amours; devant, une lyre. 23 pièces. AR.

647. — Tête jeune à droite, laurée et ailée, avec un trident. ℞. L. IVLI BVRSIO. Victoire dans un quadrige au galop, symboles variés. 81 pièces. AR.

648. — Même monnaie, mais avec les lettres doubles de BE à XO. 50 pièces.

649. — Même monnaie; dessous le quadrige, EX. A. P.; derrière la tête, chouette ou couronne de laurier. 2 pièces. AR.

650. — Tête de Vénus à droite, une lettre. ℞. EX. S. C. Corne d'abondance remplie de fruits; le tout dans une couronne de laurier. AR.

651. — As. Proue de vaisseau, sur laquelle on voit une figure militaire avec une haste. 2 pièces. Æ.

652. — Tête de Vénus. ℞. Double corne d'abondance. Q. AR.

653. — CAESAR. Éléphant foulant aux pieds un serpent. ℞. Simpulum, aspersoir, hache et bonnet de flamine. AR. 4 pièces.

654. — Tête de Vénus. ℞. CAESAR. Enée emportant Anchise et le Palladium. 4 pièces. AR.

655. — Tête de Vénus à droite; derrière, Cupidon. ℞. CAESAR. Trophée entre deux boucliers et deux trompettes gauloises; à gauche, une femme assise pleurant; à droite, un captif, les mains liées derrière le dos. 3 pièces. AR.

656. — Même pièce, mais la femme est assise à droite. 3 pièces. AR.

657. — Tête de Vénus ou de la Piété, couronne de chêne; derrière, LII. ℞. Trophée avec un bouclier et une trompette gauloise; à droite, une hache. 3 pièces. AR.

658. — Même tête et III. ℞. CAESAR. Trophée au pied duquel est un captif. AR.

659. — Même pièce, un peu variée. AR.

660. — Tête voilée de Vesta; derrière, simpulum. ℞. CAESAR. Trophée avec un bouclier rond et une épée courte entre une couronne et un bouclier échancré. Quinaire. AR.

661. — Tête de César. ℞. L. BVCA. Caducée et faisceau consulaire. AR.

662. — Tête de César. ℞. L. FLAMINIVS IIII VIR. Vénus à gauche. AR.

663. — Tête de César. ℞. L. LIVINEIVS REGVLVS. Bœuf. AR.

664. — Tête de César. ℞. TI SEMPRONIVS GRACCHVS Q. DESIG. Bâton, aigle et enseigne militaire. AR.

665. — Tête de César. ℞. MVSSIDIVS LONGVS. Apex, caducée, etc. AR.

666. — CAESAR IMP. Tête de Jules César. ℞. M. METTIVS. Vénus debout à gauche. AR.

667. — Même pièce, avec P. SEPVLLIVS MACER. AR.

668. — C. CAESAR COS. ITER. Tête de Vénus à droite. ℞. A. ALLIENVS PRO COS. Neptune nu debout, tenant le triquetra de la main droite, le pied sur une proue de vaisseau. AR.

669. — C. CAESAR COS. TER. Tête voilée de la Piété. ℞. A. HIRTIVS. Lituus, præfericulum et hache. OR.

670. — C. CAESAR DICT. PERP. PONT. MAX. Tête laurée de Jules César à droite. ℞. C. CAESAR PONT. AVG. Tête d'Octave nue à droite. (Cohen, p. 161.) OR.

671. — CAESAR IMP. P. M. Tête. ℞. L. AEMILIVS BVCA. Vénus debout à droite.

672. CAESAR DIC. Tête de César laurée à droite; derrière, præfericulum. ℞. M. ANT. IMP. R. P. C. Tête d'Antoine; derrière, lituus. AR.

673. — Autre semblable, avec ANTON. AR.

674. — DICT. ITER. COS. TERT. Tête de Cérès couronnée d'épis à droite. ℞. AVGVR. PONT. MAX. Simpulum, aspersoir, præfericulum et lituus. 4 pièces. AR.

675. — C. CAESAR DIC. TER. Buste ailé de la Victoire à droite. ℞. L. PLANCVS PRAEF. VRB. Præfericulum. OR.

676. — CAES. DIC. TER. Buste de la Victoire à droite; derrière, astre, ou capricorne. ℞. C. CLOVI PRAEF. Pallas casquée marchant, avec un trophée, un javelot et un bouclier sur lequel on voit la tête de Méduse. Æ. 3 pièces.

677. — C. CAESAR DICT. QVART. Tête diadémée de Vénus à droite. ℞. COS. QUINQ. dans une couronne de laurier. OR.

678. — CAESAR DICT. QVART. Tête laurée de Jules César à droite; derrière, lituus. ℞. M. METTIVS. Junon Sospita dans un bige au galop à droite, tenant un bouclier et lançant un javelot. AR.

679. — CAESAR DICT. PERPETVO. Tête de Jules César. ℞. L. BVCA. Caducée, hache, etc. AR.

680. — Même légende et même tête. ℞. L. BVCA. Vénus debout. AR.

681. — Même pièce, mais la Vénus est assise à droite. AR.

682. — Même légende et même tête. ℞. C. MARIDIANVS. Vénus debout. AR.

683. — Même légende, même tête. ℞. P. SEPVLLIVS MACER. Vénus debout à gauche. AR.

684. — Même médaille. Astre. AR.

685. — CAESAR III VIR R. P. C. Tête nue d'Octave à droite. ℞. CAESAR DIC. PER. sur une chaise curule, sur laquelle est une Victoire. AR.

686. — Même pièce restituée par Trajan. AR.

687. — CLEMENTIAE CAESARIS. Temple à 4 colonnes. ℞. P. SEPVLLIVS MACER. Cavalier en course, avec un bonnet, conduisant deux chevaux avec un fouet; dans le champ, couronne. (Cohen, p. 160.) AR.

688. — CAESAR PARENS PATRIAE. Tête de César voilée et laurée à droite. ℞. C. COSSVTIVS MARIDIANVS A. A. A. F. F. en quatre lignes qui se croisent. AR.

689. — DIVOS IVLIVS. Tête de César laurée à droite. ℞. CAESAR DIVI F. Tête nue d'Octave à droite. GB.

690. — La même, moyen bronze. Æ. 3 pièces.

691. — CAESAR AVGVSTVS. Tête laurée d'Auguste à gauche. ℞. DIVVS IVLIVS. Comète. AR.

692. — CAESAR DIVI F. DIVI IVLII. Têtes d'Octave et de Jules César. ℞. COPIA (*lvgdvnensis.*) Proue de vaisseau; au milieu, une palme. GB. Lyon. Æ.

693. — IMP. CAESAR DIVI IVLI. Têtes de J. César et d'Octave. ℞. C I V. (*Vienna.*) Proue de vaisseau. GB.

694. — Tête nue d'Octave. ΘΕΣΣΑΛΟΝΙΚΕΩΝ. ℞. ΘΕΟΣ. Tête laurée de César, P. B. de Thessalonique. 2 pièces. Æ.

695. — LAVS IVLI CORINT. Tête laurée de César. ℞. L. CERTO EPPIO C. IVLIO II VIR. Bellérophon monté sur Pégase. 2 pièces. Æ.

696. — CN. STATI. LIBO PRAEF. Tête de César à droite. ℞. SACERDOS. Patere et præfericulum. Très-belle. Æ.

697. — M. NOVIO BASSO D. ANT. HIPPARCHO. Tête d'Octave à droite. ℞. II VIR COR. Tête laurée de César. Très-belle. Æ.

698. — Tête laurée de César à droite. ℞. Q. LVCRETI L. PONTI L. FVRIO LEG. II VIR. Homme en toge conduisant deux bœufs. Æ.

699. — La même, pas avec FVRIO, mais avec COL. DERT., Dertosa, en Espagne. Æ.

700. — Tête de Vénus. ℞. COL. IVL. COR. Bellérophon sur Pégase combat la Chimère. Corinthe. Æ.

701. — Tête de Claude. ℞. COL. AVG. PHILIP. Statues de J. César et d'Auguste, élevées par Claude; sur la base on lit DIVO AVG. PHILIPPI. Æ.

702. — C. CAESAR III VIR R. P. C. Tête d'Octave à droite. ℞. POPVL. IVSSV. Statue équestre le bras levé, tenant le lituus. AR.

703. — Même tête et même légende. ℞. M. ANTON. IMP. III VIR R. P. C. Tête d'Antoine nue à droite. AR.

704. — Même pièce, avec BARBAT. AR.

705. — Même pièce, avec GELLI. AR.

706. — C. CAESAR III VIR R. P. C. Tête nue d'Octave à droite. ℞. SC. Octave à cheval à droite, le bras levé. AR.

707. — Même pièce, mais le cavalier est à gauche. AR.

708. — Même légende, tête de Mars à droite. ℞. Aigle sur un trophée entre deux enseignes militaires. AR.

709. — Le même. ℞. BALBVS PRO PR. Massue. AR.

710. — IMP. CAESAR DIVI F. III VIR ITER. R. P. C. Tête d'Octave à droite. ℞. COS. ITER. ET TER DESIG. Simpulum, aspersoir, præfericulum et lituus. 3 pièces. AR.

711. — Même légende et même tête. ℞. Jules César debout dans un temple à quatre colonnes, tenant le lituus; sur la frise on lit DIVO IVL., étoiles et autel. AR. 2 pièces.

712. — M. ANTON. C. CAESAR III VIR R. P. C. Tête de la Concorde. ℞. Mains jointes. Quinaire. AR.

713. CAESAR IMP. Tête d'Octave à droite. ℞. ANTONIVS IMP. Caducée. AR.

714. — CAESAR IMP. ℞. IMP. CAESAR. Prêtre conduisant deux bœufs à droite. AR.

715. — CAESAR IMP. Autre variété. Très-belle. AR.

716. — IMP. CAESAR sur le fronton d'un arc de triomphe surmonté d'un quadrige. AR.

717. Autre variété. Très-belle. AR.

718. — Même tête. ℞. IMP. CAESAR. Trophée naval. AR.

719. — Même tête. ℞. IMP. CAESAR. Terme de Priape sur un foudre. AR.

720. — Victoire à droite sur une proue de vaisseau. ℞. IMP. CAESAR. Octave, sur un char triomphal à droite, tient une branche de laurier. AR.

721. — Tête d'Auguste. ℞. IMP. CAESAR. Statue sur une colonne rostrale. AR.

722. — Tête laurée d'Octave en terme; derrière, foudre. ℞. IMP. CAESAR. Auguste Nicéphore assis sur une chaise curule.

723. — Tête d'Octave à droite. ℞. IMP. CAESAR sur le fronton d'un temple orné de statues; une Victoire sur le haut. AR.

724. — IMP. Tête de Mars casquée à droite. ℞. Bouclier rond avec deux hastes qui se croisent; au milieu, une étoile. AR.

725. — Tête d'Octave. ℞. IMP. CAESAR DIVI F. Bouclier rond. AR.

726. — Tête nue d'Octave à droite. ℞. IMP. CAESAR. Victoire de face debout sur un globe, tenant une couronne et un étendard. OR.

727. — IMP. CAESAR DIVI F. dans une couronne de laurier. ℞. COS. ITER. ET TERT. DESIG. Trépied. (Cohen, p. 164.) OR.

728. — AVGVR. PONTIF. Tête de Jupiter Ammon. ℞. IMP. CAESAR DIVI F. Victoire sur un globe à droite, tenant une couronne et une palme. (Coh., p. 166.) AR.

729. — Tête nue d'Octave à droite. ℞. CAESAR DIVI F. Femme debout tenant une branche d'olivier et une corne d'abondance. AR.

730. — Tête nue d'Octave à droite. Même légende, Neptune nu debout à gauche, le pied sur un globe, tient l'acrostolium et le trident. AR.

731. — Même médaille que le n° 725, mais la tête d'Octave est à gauche. AR.

732. — Tête d'Octave, Vénus nue appuyée sur une colonne, et tenant un miroir. AR.

733. — Tête d'Octave à droite. ℞. CAESAR DIVI F. Quadrige à gauche; au-dessus, un petit quadrige. OR.

734. — Tête d'Octave à droite. ℞. CAESAR DIVI F. Victoire tenant une palme, dans un bige au galop à droite. OR.

735. — Même tête. ℞. CAESAR DIVI F. Octave à cheval levant les mains. AR.

736. — Même tête. ℞. CAESAR DIVI F. Apollon nu assis sur un rocher et jouant de la lyre. AR.

737. — Même tête. ℞. Même légende. Victoire à gauche sur un globe.

738. — Tête diadémée de Vénus. ℞. CAESAR DIVI F. Homme debout à gauche en paludament tenant une haste transversalement. AR.

739. — Même médaille, à la tête de Vénus, corne d'abondance et rameau; au revers, l'homme marche à droite. AR.

740. — CAESAR DIVI F. COS. VII. Tête d'Octave nue à droite. ℟. AEGYPTO CAPTA. Crocodile. AR.

741. — IMP. CAESAR. Galère prétorienne à la voile. ℟. Victoire marchant à gauche, tenant une palme, une couronne et un gouvernail. Quinaire. AR.

742. — Tête d'Auguste. ℟. DIVVS IVLIVS. Comète. AR.

743. — Tête d'Auguste. ℟. ASIA RECEPTA. Victoire. Quinaire. AR.

744. — AVGVSTVS DIVI F. Tête nue d'Auguste à droite. ℟. IMP. X. SICIL. Diane debout avec une arc et un javelot; à ses pieds, un chien. OR.

745. — OB CIVES SERVATOS. Couronne de laurier. ℟. CAESAR AVGVSTVS entre deux branches de laurier. OR.

746. — S. P. Q. R. Aigle, couronne, etc. ℟. CAESARI AVGVSTO. Char triomphal à quatre chevaux. AR.

746 bis. — AVGVSTVS. Tête nue d'Auguste à droite. ℟. ARMENIA CAPTA. Victoire sacrifiant un bœuf. OR.

747. — Même tête et même légende, tiare arménienne avec un arc et deux carquois. 2 pièces. AR.

748. — AVGVSTVS. Capricorne. OR.

749. — Même type. 2 pièces. AR.

750. — CAESAR. Tête d'Octave nue à droite. ℟. AVGVSTVS. Vache marchant à gauche. OR.

751. — CAESAR COS. VII CIVIBVS SERVATIS. Tête d'Octave. ℟. AVGVSTVS S. C. Aigle tenant une grande couronne; à droite et à gauche, deux branches de laurier. OR.

752. — Tête d'Auguste laurée à droite. ℟. CAESAR AVGVSTVS entre deux branches de laurier. 2 pièces. AR.

753. — Même médaille, mais la tête d'Auguste à gauche. OR.

754. — La même, mais entre les deux branches de laurier, bouclier rond, C. V. AR.

755. — Tête d'Auguste. ℟. C. CAESAR AVGVST. Caius à cheval à droite; derrière, trois enseignes. OR.

756. — Même pièce. Plus rare. AR.

757. — IMP. CAESARI AVG. COS. XI TR. POT. VI S. P. Q. R. Tête nue d'Auguste à droite. ℞. CIVIB. ET SIGN. MILIT. A. PART. RECVP. Arc de triomphe sur lequel est Auguste dans un quadrige, et deux Parthes tenant des enseignes militaires. Très-belle pièce. OR.

758. — La même pièce. AR.

759. — Tête d'Auguste couronné de laurier à droite. OR.

760. — Tête d'Auguste couronné de laurier à gauche. OR.

761. — Même médaille. 2 pièces. AR.

762. — Tête d'Auguste avec une couronne de laurier. ℞. IMP. CAESAR. Bouclier rond. AR.

763. — AVGVSTVS DIVI F. Tête d'Auguste à droite. ℞. IMP. X. Bœuf se couchant à terre. OR.

764. — Même pièce, en argent.

765. — Même pièce; le bœuf est à gauche. OR.

766. — Même pièce. AR.

767. — Même tête et même légende. ℞. IMP. X. Soldat présentant une branche d'olivier à Auguste assis sur une chaise curule. AR.

768. — Même médaille, mais deux soldats. AR.

769. — Tête d'Auguste. ℞. IMP. X SICIL. Diane chasseresse suivie d'un chien. AR.

770. — Tête d'Auguste. ℞. IMP. XI. Globe et capricorne. AR.

771. — IMP. XI ACT. Apollon Actien tenant la lyre, à droite. OR.

772. — Tête d'Auguste. ℞. Bœuf à gauche. IMP. XII. OR.

773. — Même médaille en argent.

774. — Même médaille. ℞. IMP. XII. Diane marchant à gauche; à ses pieds, un chien. Très-belle pièce. OR.

775. — La même. AR.

776. — AVGVSTVS DIVI F. Tête d'Auguste laurée à droite. ℞. IMP. XIII. Parthe présentant un enfant à Auguste assis sur une estrade. OR.

777. — AVGVSTVS. Sa tête nue à droite. ℞. IOVI OLYM. Temple à six colonnes, de Jupiter Olympien. AR.

778. — AVGVSTVS. ℞. IOV. TON. Jupiter tonnant dans un temple à six colonnes. AR.

779. — Tête nue d'Auguste à droite. ℞. IOVI VOT. SVSC. PRO. SAL. CAES. AVG. S. P. Q. R. dans une couronne de chêne. OR.

780. — CAESAR AVGVSTVS. Sa tête nue à droite. ℞. LVDI SAEC. F. sur un autel, auprès duquel sont deux prêtres saliens; dans le champ, IMP.; le tout dans une couronne de chêne. Pièce inédite et de la plus grande rareté. OR.

781. — Tête d'Auguste. ℞. MARS VLTOR. Temples à quatre et à six colonnes; Mars debout dans le temple, ou deux enseignes et un aigle. 5 pièces. AR.

782. — AVGVSTVS. Sa tête nue à gauche. ℞. OB CIVES SERVATOS dans une couronne de chêne. OR.

783. — Même médaille. Tête à droite et tête à gauche. 2 pièces. AR.

784. — Même tête. ℞. Un bouclier avec l'inscription C. L. V. S. P. Q. R. AR.

785. — CAESAR AVGVSTVS DIVI F. PATER PATRIAE. Sa tête laurée à droite. ℞. PONTIF. MAXIM. Caius et Lucius debout en toge. OR.

786. — La même en argent. 6 pièces. AR.

787. — S. P. Q. R. CAESARI AVGVSTO. Sa tête nue à droite. ℞. QVOD VIAE MVNITAE SVNT. Arc de triomphe sur un pont; sur l'arc de triomphe, Auguste dans un quadrige, couronné par la Victoire. AR.

788. — CÆSAR AVGVSTVS. Sa tête nue. ℞. S. P. Q. R. Victoire marchant et tenant un bouclier rond, sur lequel on lit : CLI VOT. 2 pièces. AR.

789. — Même tête et légende. ℞. SIGNIS RECEPTIS. Soldat debout, de face, tenant un aigle et un enseigne. 2 pièces. AR.

790. — CÆSARI AVGVSTO. Sa tête laurée à droite. ℞. Quadrige au pas avec deux Victoires; dessus, un petit quadrige; à l'exergue, S. P. Q. R. OR.

791. — Même pièce en argent. 2 pièces.

792. — Tête d'Auguste. ℞. Temple rond à 4 colonnes dans lequel sont une aigle romaine et un petit quadrige. AR.

793. — CÆSAR AVGVSTVS DIVI F. PATER PATRIÆ. Sa tête laurée à droite. ℞. TI CÆSAR AVG. F. TR. POT. XV. Tibère dans un quadrige à droite, etc. OR.

794. — Même pièce en argent. AR.

795. — AVGVSTVS DIVI F. Sa tête laurée à droite. ℞. TR. POT. XXX. Victoire assise sur un globe. Quinaire. OR.

796. — S. P. Q. R. CÆSARI AVGVSTO. Sa tête nue à droite. VOT. P. SVSC. PRO. SAL. ET RED. J. O. M. M. SACR. Mars nu debout à droite avec un pallium sur le bras et le parazonium. OR.

797. — La même, mais Mars à gauche. OR.

798. — La même. AR.

799. — AVGVSTVS. Sa tête nue. ℞. Sans légende, couronne de laurier, ornée de six proues. AR.

800. — Mêmes tête et légende. ℞. Victoire debout à gauche sur une proue de vaisseau tenant une couronne et une palme. Quinaire. AR.

801. — MARS VLTOR. Tête casquée de Mars à droite. ℞. SIGNA. P. R. Aigle romaine avec une couronne de perles dans son bec, entre deux enseignes et un autel allumé. OR.

802. — Tête d'Auguste. ℞. SIGNIS RECEPTIS. Bouclier rond, sur lequel on lit : CLI VOT. 2 pièces. AR.

803. — Même médaille, mais la légende est CAESAR au lieu de AVGVSTVS.

804. — Même médaille que le n° 802, mais contremarquée sous l'empereur Vespasien. IMP. VES. Très-rare. AR.

805. — Tête nue d'Auguste à droite. ℞. CAESAR. Enée portant son père Anchise et le palladium, exemplaire très-rare de la collection Fontana. AR.

806. — CAESAR. Tête de Caïus César. ℞. AVGVSTVS. Grand candélabre dans une couronne composée de fleurs, de bucranium et de patères. 3 pièces. AR.

807. — CAESAR AVGVSTVS DIVI F. PATER PATRIAE. Tête d'Auguste laurée à droite. ℞. TI. CAESAR AUG. F. TRIB. POT. XV. Tête de Tibère nue à droite. OR.

808. — Tête d'Auguste. ℞. Tête de Lépide. AR.

809. — DIVVS AVGVSTVS. Tête laurée d'Auguste à droite. ℞. IMP. CAES TRAJAN AUG. GERM. DAC. P. P. REST. Aigle romaine entre deux enseignes militaires. Restitution de Trajan. OR.

810. — Auguste restitué par Gallien. CONSECRATIO. Autel allumé. Billon.

Médaillons d'Auguste.

811. — IMP. CAESAR. Sa tête nue à droite. ℞. AVGVSTVS. Capricorne à droite, avec une corne d'abondance dans une couronne de laurier. AR.

812. — IMP. CAESAR. Sa tête nue à droite. ℞. AVGVSTVS. Autel entouré de guirlandes et orné de deux cerfs. AR.

813. — Même tête et même légende. ℞. AVGVSTVS. Six épis en faisceau. AR.

814. — IMP. IX. TR. PO. V. Tête d'Auguste à droite. ℞. COM. ASIAE. Temple à six colonnes, sur le fronton duquel on lit : ROM. ET AVGVST. AR.

815. — Même tête et même légende. ℞. MART VLTO. Temple rond à quatre colonnes; dans l'intérieur un enseigne militaire. AR.

816. — IMP. CAESAR DIVI F. COS VI LIBERTATIS P. R. VINDEX. Tête d'Auguste laurée à droite. ℞. PAX. La paix debout, tenant un caducée, à côté d'elle une ciste mystique, le tout dans une couronne de laurier. AR.

817. — Tête et légende du n° 814. ℞. S. P. Q. R. SIGNIS RECEPTIS entre les arches d'un arc de triomphe, sur le fronton duquel on lit : IMP. IX TR. POT. V. Auguste dans un quadrige. AR.

818. — ΘΕΟΣ ΣΕΒΑΣΤΟΣ. Tête d'Auguste radiée à droite. ℞. ΤΙΒΕΡΙΟΣ ΚΑΙΣΑΡΩΝ ΣΕΒΑΣΤΟΝ. Tête laurée de Tibère. Alexandrie. Billon.

819. — Pièce semblable. La tête d'Auguste est à gauche. Billon. ℞. Tête de Néron-Alexandrie d'Égypte. Billon.

820. — Tête d'Auguste. ℞. Tête de Néron-Alexandrie d'Égypte.— Billon.

Médailles de bronze.

821. — DIVVS AVGVSTVS. Tête d'Auguste laurée à droite. ℞. IMP. NERVA CAESAR AVG. REST. Restitution de Nerva. GB.

822. — DIVO AVGVSTO S. P. Q. R. Bouclier rond, sur lequel on lit : OB CIVES SERVATOS. Couronne de laurier et deux capricornes. ℞. TRIB. POT. XXIIII. GB.

823. — Autre semblable avec TRIB. POT. XXXVII. GB.

824. — DIVO AVGVSTO S. P. Q. R. Statue d'Auguste sur un quadrige d'éléphants. ℞. Légende de Tibère et TRIBVNI POTESTATE XXXVI.

825. — Deux autres avec TRIB. POT. XXXVII ET TRIB. POT. XXXIIX.

826. — Sans légende, char à quatre chevaux, avec Victoire, trophée et statue d'Auguste. ℞. TRIB. POT. XXXIX. Tibère.

827. — DIVVS AVGVSTVS PATER. Statue d'Auguste radié, assis à gauche, tenant une branche de laurier et un sceptre, devant lui, autel allumé. ℞. IMP. T. CAESAR DIVI VESPASIANI, etc. Restitution de Titus.

828. — La même que le n° 821, mais la légende est DIVNS AVGVSTVS PATER et la tête d'Auguste à gauche. (Inédite.)

829. — CIVITATIBVS ASIAE RESTITVTIS. Statue d'Auguste en toge, tenant une patère. ℞. Légende de Tibère. TR. POTEST XXIII.

830. — DIVVS AVGVSTVS PATER. Sa tête radiée à gauche. ℞. SC. Temple rond à six colonnes, dessus une statue, de chaque côté une base surmontée, l'une d'un veau, l'autre d'un agneau, module entre le grand et le MB.

831. — DIVI F. Tête d'Auguste radiée à droite. ℞. AVGVSTVS dans une couronne de laurier.

832. — Même pièce, mais avec CAESAR. 2 pièces. Æ.

833. — DIVVS AVGVSTVS, sa tête radiée à gauche. ℟. CONSENSV SENAT ET EQ. ORDIN. P. Q. R. Auguste assis à gauche.

834. — Même pièce variée.

835. — DIVVS AVGVSTVS, sa tête radiée. ℟. DIVA AVGVSTA. Livie assise à gauche tenant un épi et un pavot.

836. — Même pièce, derrière la tête en contremarque. N. C. A. P. R. (Nobis concessum a populo romano.)

837. — SC. Dans une couronne de chêne. 2 pièces.

838. — Même pièce que le n° 835, mais derrière la tête d'Auguste un foudre.

839. — Tête radiée d'Auguste. ℟. PROVIDENT SC. Autel avec des portes. MR.

840. — Même pièce restituée par Titus.

841. — Même pièce restituée par Domitien.

842. — Mêmes tête et légende. ℟. SC. Foudre.

843. — Même pièce restituée par Nerva.

844. — CAESAR. Tête d'Auguste laurée à droite. ℟. ROM. ET AVG. Autel, au-dessus, deux Victoires. MB.

845. — Même pièce avec la contremarque. TIB.

846. — DIVVS AVGVSTVS PATER. Tête radiée d'Auguste. ℟. Victoire portant un bouclier sur lequel est écrit : S. P. Q. R. — Autre, restituée par Titus. 2 pièces. MB.

847. — Même pièce restituée par Domitien.

848. — Aigle sur un globe terrestre. Restitution de Titus. MB.

849. — Même pièce, mais la tête d'Auguste est à gauche.

850. — La même, mais l'aigle a les pieds sur un foudre.

851. — La même, plus petite et le mot RESTITVIT en entier.

852. — Tête d'Auguste. ℟. Globe et gouvernail, restituée par Nerva. MB.

853. — CAESAR AVGVSTVS DIVI F. PATER PATRIAE. Tête d'Auguste à droite. ℟. ROM. ET AVG. Autel surmonté de deux Victoires Très-beau. PB.

854. — IMP. CAESAR. Tête laurée d'Auguste à droite. ℞. Aigle la tête tournée à gauche. PB.

Médailles d'Auguste frappées dans les colonies.

855. — PERMISSV DIVI AVG. COL. ROM. Tête d'Auguste radiée à droite devant un foudre. ℞. IVLIA AVGVSTA GENITRIX ORBIS. Tête de Livie sur un globe. (Romula bétique.) GB.

856. — MVNTVS. Tête d'Octave et de Tibère. (Munda.) Æ.

857. — MVN. CAL. L. VALENTINO L. NOVO. Bœuf. (Calagurris.) Æ.

858. — ILERDA. Louve. (Ilerda.) Æ.

859. — Tête d'Auguste à droite. ℞. CA dans une couronne de laurier. (Caesarea Panias). Médaillon. Æ.

860. — L. TRINI. L. F. Q. HEI. I. F. Tête de Pallas casquée. ℞. Corne d'abondance et un foudre. Æ. (Valentia.)

861. — BILBILIS. Cavalier à droite. Autre avec MVN. AVGVSTA BILBILIS M. SEMPR. TIBERI L. LICI. IVNO II VIR. 2 pièces. Æ.

862. — AVGVSTVS DIVI F. Tête d'Auguste laurée à droite. ℞. C. VAR. RVF. SEX. IVL. POT. II VIR. Q. Instruments de sacrifice, très-rare, belle patine. Æ.

863. — COL. A. A. PATREN. Colon conduisant deux bœufs. Autre, enseignes militaires et XXII. Æ. 4 pièces. Æ.

864. — ΣΕΒΑΣΤΟΝ ΚΤΙΣΜΑ. Tête d'Auguste. ℞. ΝΙΚΟΠΟΛΙΣ. Victoire à gauche, portant une palme et une couronne. Æ. (Nicopolis d'Épire.)

865. — Tête d'Auguste. ℞. P. POMPONI C. IVLI. II VIR. Grand pont à trois arches. (Butrotum Epire.) Æ.

866. — P. PLOTIO II VIR MESCINIO DESIGN. ITER. Rome debout tenant un sceptre et une palme. (CNOSSVS CRETE.) Æ.

867. — COLONIA PHILIPPI. Statues de J. César et Auguste. Victoire. 3 enseignes. 3 pièces. Æ.

868. — ΒΑΣΙΛΕΩΣ ΡΟΙΜΗΤΑΛΚΟΥ. Têtes de Rhoemetalces et de sa femme. ℞. Tête d'Auguste et de Livie. Autre tête d'Auguste. ℞. Tête de Rhoemetalces. 4 pièces. Æ.

869 — Variétés de II VIR. de Corinthe. P. AEBVTIO, C. PINNIO, VIPSANIO AGRIPPA, GELLIO PROCVLO, avec la tête d'Auguste. 6 pièces. Æ.

870. — Temple à six colonnes. (Thalassa Cretae.) Æ.

871. — SILBANON. Deux figures debout. (Pergame.) Æ.

872. — Tête d'Auguste. ℞. Jupiter Cassius assis à gauche. (Sebaste Samarie.) Æ.

873. — NONIVS SVLPICIVS II VIR. QVINQ. Chaise curule. (Dium.) Æ.

874. — RVSTICELIVS BASTERNA II VIR. QVINQ. D. D. Dans le champ. (Dium.) Æ.

875. — ΔΗΜΟΝ. Europe sur un taureau. 3 pièces variées. (Amphipolis.) Æ.

876. — ΘΕΣΣΑΛΟΝΙΚΕΩΝ en deux lignes. (Thessalonique.) Æ.

877. — Même type avec la même légende à la tête. Æ.

878. — Tête de femme, bâton d'Esculape et différents noms de magistrats. (Laodicée.) 4 pièces. Æ.

879. — ΑΡΧΙΕΡΑΤΙΚΟΝ ΑΝΤΙΟΧΕΩΝ en cinq lignes. (Antioche Syrie.) Æ.

880. — A. PLOTIVS PRO COS. Forteresse. (Chypre). Æ.

881. — DIONISOS LOLLI BAS. Tête d'Auguste. (Smyrne.) Æ.

882. — Tête d'Auguste. ℞. Aigle. (Lacédémone.) Æ.

883. — Tête d'Auguste et lituus. ℞. Inscription punique, divinité africaine, avec la tête barbue. (Jol.) Æ.

885. — Tête d'Auguste avec légende. ℞. M. PORCI CN FAD II VIR dans une couronne de laurier. (Caesar Augusta). Æ.

886. — ΣΕΒΑΣΤΟΝ ΠΑΤΡΟΝ. Tête d'Auguste. ℞. Six épis. (Tripolis.) Æ.

887. — Tête d'Auguste. ℞. Cavalier à droite. (Cos insula.) Æ.

888. — Tête d'Auguste. ℞. TRIQVETRA. (Panorme.) Æ.

889. — Tête d'Auguste. ℞. Capricorne et corne d'abondance. (Incertaine d'Espagne.) Æ.

890. — Monnaies de colonies incertaines. 8 pièces. Æ.

891. — Tête de Janus. ℞. L. IVLI ROMA, proue à droite. Inédite. As.

892. — Tête d'Auguste à droite. ℞. Proue de vaisseau à droite, haste et enseigne. Æ. Très-rare.

Monnaies d'Auguste en argent.

893. — M AGRIPPA COS DESIG dans le champ.

894. — ANTISTIVS REGINVS. Instruments pontificaux.

895. — CARISIVS LEG. Casque, épée courte, bipenne.

896. — LENTVLVS SPINTH. Lituus et præfericulum.

897. — LIVINEIVS REGVLVS. Victoire portant une couronne.

898. — PETRONIVS TVRPILIANVS. Pégase.

899. — Q. SALVIVS IMP. Foudre.

900. — M. SANQVINIVS. Prêtre tenant un caducée.

901. — TI. SEMPRONIVS GRACCVS. Aigle, sceptre, etc.

902. — C. SVLPICIVS PLATORINVS. Deux hommes en toge assis.

Monnaies d'Auguste en grand bronze.

903. — AELIVS LAMIA A. A. A. FF. S. C.

904. — ASINIVS GALLVS.

905. — CN PISO CN F.

906. — CASSIVS CELER.

907. — GALLVS LVPERCVS.

908. — LICINIVS STOLO.

909. — LVRIVS AGRIPPA.

910. — MAECILIVS TVLLVS.

911. — MARCIVS CENSORINVS.

912. — NAEVIVS SVRDINVS.

913. — PLOTIVS RVFVS.

914. — Q. CRISPINVS SVLPICIANVS.

915. — MARCVS SANQVINIVS.

916. — TI. SEMPRONIVS GRACCVS.

Famille d'Auguste-Livie.

917. — S. P. Q. R. ℞. IULIAE AVGVSTAE. Carpentum traîné par deux mules. ℞. TI. CAESAR DIVI F. AVGVST. P. M. TR. POT XXIII. SC. GB.

918. — PIETAS - IVSTITIA, SALVS AVGVSTA. 3 pièces. MB.

919. — M. ARRIO PEREGRINO. Tête de Livie. ℞. C. FVRIO LABEONE II VIR COS. Temple. Æ. (Corinthe.)

920. — Sa tête voilée. ℞. ΘΕΣΣΑΛΟΝΙΚΕΩΝ dans une couronne. (Thessalonique.) Æ.

921. — Têtes de Livie, Sophocles et Timon. ℞. ΣΕΒΑΣΤΟΣ. Tête d'Auguste. Æ. (Smyrne.)

922. — Têtes accolées d'Auguste et Livie. ℞. 2 figures debout. (Dium.) Æ.

923. — Corne d'abondance. (Cos insula.) Æ.

924. — Tête de Livie. ℞. Temple. II VIR. (Paestum.) Æ.

925. — Tête de Livie et tête d'Auguste avec leurs noms. (Panorme.) Æ.

926. — Tête d'Auguste. ΚΛΑΖΟΜΕΝΙΤΑΝ. ℞. ΘΕΑ. ΛΙΒΙΑ. Tête de Livie. (Clazomène.) Pièce rare. Æ.

927. — ΜΤΙ-ΘΕΑ ΙΟΝ. Tête de Livie. ℞. ΤΙ ΘΕΟΣ ΓΕΡΜΑΝΙ ΚΟΣ ΜΤΙ. Tête de Tibère. (Mytilène.) Æ.

Julie, fille d'Auguste.

928. — ΕΔΕΣΣΑΙΩΝ. Tête de femme à droite. ℞. ΤΙ ΚΑΙΣΑΡ ΣΕΒΑΣΤΟΣ. Tête nue de Tibère à droite. (Edesse.) Cette pièce très-rare a été attribuée à Julie d'Auguste, par Eckhel et par d'autres auteurs. Æ.

Agrippa, son gendre.

929. — M. AGRIPPA L. F. COS. III. Sa tête. ℞. SC. Neptune, etc. Æ.

930. — Même pièce restituée par Titus; autre restituée par Domitien. 2 pièces. Æ.

931. — IMP. DIVI F. Tête d'Agrippa et d'Octave. ℞. COL NEM. Crocodile et Palmier. (Nisme.) MB.

932. — L. CANINIO AGRIPPA. Tête d'Agrippa à droite. ℞. L. CANINIO AGRIPPA II VIR QVI COR. Livie voilée assise à gauche et tenant des épis. (Corinthe.) Æ.

933. — P. VIPSANIO AGRIPPA II VIR COR. Pégase et tête d'Auguste. (Corinthe.) Ces duumvirs sont des fils d'Agrippa. Æ.

Caïus et Lucius Caesares nepotes Augusti.

934. — C. CAESAR PRIN. IVVENT. Tête nue de C. Caesar à droite. ℞. AVGVSTVS TR. POT. PONT. MAX. Tête laurée d'Auguste, Monnaie de colonie, imitant les monnaies romaines. Æ. Très-rare.

935. — ΛΕVΚΙΟΝ. Tête nue de Lucius à droite. ℞. ΓΑΙΟΥ-ΚΑΙΣΑ-ΡΟV. Tête de Caïus César à droite. (Pergame.) Æ.

936. — Tête nue de Caius César à droite. ℞. ΑΤΤΑΛΟΞ ΔΙΟΤΡΕ-ΦΟΙ. Détours du Méandre. (Pergame.) Æ.

937. — Les deux têtes de Caïus et Lucius. ℞. CAESAR CORINT. Tête nue d'Auguste à droite. — Autre avec I. C. sur les têtes de Caïus et Lucius. — Autre avec PELLIO ET HIPPARCO II VIR CORINT. (Corinthe.) Æ. 3 pièces.

938. — Tête nue de Caïus. ℞. ΔΙΟΝ-ΔΙΟΜΕΝΙΟ ΗΡΑΚΛΗΣ. Hercule debout, tenant une massue et une patère. Æ.

Agrippa Postumus ultimus nepos.

939. — AGRIPPA CAESAR. Tête d'Agrippa Postume; derrière, CORINT. ℞. C. MVSSIDIO PRISCO II VIR COR C. HEIO POLLIONE ITER, en quatre lignes dans une couronne de chêne. Médaille de la plus grande rareté, décrite dans Cohen. (Impériales, page 117.) Æ.

Octavia soror Augusti.

940. — ΘΕΣΣΑΛΟΝΙΚΕΩΝ. Tête d'Octavia nue à droite. ℞. ANT. ΚΑΙ, Antonius César dans une couronne de laurier. Autre ΚΑΙ ΑΓΟΝΟΘΕΣΓΑ. Concorde d'Antoine et d'Octave. Æ.

Tibère, son successeur.

941. — TI CAESAR DIVI F. AVGVSTVS IMP. VII. Tête nue de Tibère à gauche. (Cohen, p. 122.) Æ.

942. — Même pièce avec TR. POT. XXXIIII. Æ.

943. — CLEMENTIAE ET MODERATIONI. Bouclier rond. 2 pièces. Æ.

944. — Livie assise. Caducée. 2 PB.

945. — L. CANIN AGRIPPA II VIR. Tête nue de Tibère à droite. ℞. C. ASTRICIO REGVLO II VIR COR. Livie voilée, assise, tenant une patère. (Corinthe.) Æ.

946. — Tête de Tibère. ℞. C. BAEBIVS L. RVSTICELIVS BASTERNA II VIR QVINQ. D. D. en cinq lignes dans le champ. (Dium.) Æ.

947. — TI. CAESAR DIVI AVG. F. AVGVST. IMP, VII. Tête nue de Tibère à gauche. ℞. C. VIBIO MARSO PRO COS NER CAES M. GEMELLVS. Livie assise à droite. Une autre avec FELIX II VIR. 2 pièces. Æ. (Utique.)

948. — Tête de Tibère. ℞. ΑΜΦΙΠΟΛΙΤΩΝ. Europe sur un taureau. (Amphipolis.) Æ.

949. — Têtes réunies de Tibère, Drusus et Livie. Pièce brisée. (Julia traducta.) Æ.

Drusus, son fils.

950. — DRVSVS CAESAR TI. AVG. F. DIVI AVG. N. Tête nue de Drusus à gauche. ℞. PONTIF TRIBVN POTEST ITER S. C., dans le champ. MB.

951. — La même, restituée par Titus. Æ.

952. — Têtes des fils de Drusus sur des cornes d'abondance. 2 pièces variées. GB.

953. — DRVSVS CAESAR. Tête de Drusus à droite. ℞. MVSSIDIO ET AELIO POLLIONE II VIR COR dans une couronne de chêne. (Corinthe.) Æ.

954. — Tête de Drusus. ℞. Deux colons conduisant deux bœufs. (Parium.) 2 pièces, l'une avec légende et l'autre sans légende. Æ.

955. — Têtes de Drusus et de Tibère. (Incertaine.) PB.

Antonia, **nepos Augusti**.

956. ANTONIA AVGVSTA. Sa tête à droite. ℟. TI CLAVDIVS CAESAR AVG. P. M. TR. POT. IMP. Femme à gauche voilée portant le simpulum. MB.

957. — Tête d'Antonia. ℟. Deux Cornes d'abondance (Corinthe). Æ.

958. — ANTON. Sa tête. ℟. DRVSVS. Tête de Drusus (Clazomène). Æ.

959. — Têtes accolées de Drusus et Antonia. ℟. ΚΟΙΣΙΝΙΟΣ ΕΦΗ. Cerf. (Éphèse.) Æ.

Nero Claudius Drusus, son mari.

960. — NERO CLAVDIVS DRVSVS GERMANICVS IMP. Tête de Claude nu à gauche. ℟. TI CLAVDIVS CAE AVG. PONT. MAX. TR. POT. IMP. P.P. C.C. Claude assis sur une chaise curule; à terre, un bouclier. Æ.

961. — NERO CLAVDIVS DRVSVS GERMANICVS IMP. Arc de triomphe surmonté d'une statue équestre et deux trophées. ℟. Tête de Claude avec la légende ordinaire. Æ.

Germanicus, son fils.

962. GERMANICVS CAESAR. Germanicus dans un quadrige. ℟. SIGNIS RECEPTIS DEVICTIS GERMANIS. Germanicus debout tient un sceptre surmonté d'une aigle romaine. MB.

963. — Même pièce surfrappée sur un caligula. MB.

964. — Même pièce restituée par Titus. MB.

965. — Têtes de Germanicus et de Caligula. (Gortyne de Crète.) PB.

966. — Les mêmes têtes, pièce frappée à Parium de Mysie. Æ.

967. — Les mêmes têtes, frappée à Corinthe. Æ.

Agrippina mater.

968. — AGRIPPINA M. F. MAT. C. CAESARIS AVGVSTI. Buste d'Agrippine à droite. ℞. S. P. Q. R. MEMORIÆ AGRIPPINÆ. Carpentum tiré par deux mules. GB.

969. — Même légende et même tête. ℞. Légende de Tibère Claudius. GB.

Nero et Drusus Caesares.

970. — NERO ET DRVSVS CÆSARES. Néron et Drusus à cheval, galopant à droite. ℞. C. CAESAR DIVI AVGVSTI PRON. AVG. P. M. TR. POT. P. P. MB.

971. — P. VIPSANIO AGRIPPA II VIR COR. Têtes en regard de Néron et Drusus; les lettres N et D devant chaque tête. ℞. AGRIPPINA GERMANICI. Tête d'Agrippine à droite (Corinthe). Æ.

972. — Même pièce, mais variée.

Caligula, autre fils de Germanicus.

973. — Tête de Caligula, légende ordinaire. ℞. VESTA. Vesta voilée assise à gauche. MB.

974. — PIETAS. La Piété voilée sacrifiant. ℞. DIVO AVG. Temple à six colonnes; devant, Caligula sacrifiant, assisté de deux personnages. Æ.

975. — Tête de Caligula, légende. ℞. AD LOCVTIO COH. Caligula haranguant cinq chefs de cohortes. GB.

976. — C. CAESAR AVG. GERM. Tête laurée de Caligula à droite. ℞. P. VIPSANIO AGRIPPA II VIR COR. Globe terrestre et gouvernail (inédite). Corinthe. Æ.

977. — Tête de Caligula à gauche. ℞. VIPSANIO. Pégase. Æ.

978. — Même tête. ℞. VATRONIO LABEONE II VIR COR. Victoire volant, autre avec L. RVTILIO PLANCO. 2 pièces. Æ.

979. — Caligula à cheval à dr. ℞. ΑΜΦΙΠΟΛΙΤΩΝ. Europe sur un taureau (Amphipolis). Æ.

980. — Tête de Caligula radiée. ℞. ΑΙΣΑΝΙΤΩΝ. ΚΛΑΣΣΙΚΟ ΡΟΥΦΟΙ. Caligula sous les traits de Jupiter tient l'aigle dans sa main droite; autre avec ΛΟΛΛΙΥ ΡΟΥΦΟΙ. Deux pièces d'Aezani. Æ.

Claude, fils de Drusus et Antonia.

981. — Tête de Claude. ℞. EX. SC. OB. CIVES SERVATOS, dans une couronne de laurier. GB.

982. — Autre, avec SPES PVBLICA. L'Espérance à gauche. GB.

983 — La même, restituée par Titus. Æ.

984. — La même, contremarquée N. C. A. P. R. GB.

985. — CERES AVGVSTA. Cérès assise. Æ.

986. — La même, avec une contremarque. Æ.

987. — Pallas combattant à droite. Æ.

988. — La même, restituée par Titus. Æ.

989. — Cérès assise, restituée par Titus. Æ.

990. — LIBERTAS. — CONSTANTIAE AVGVSTI. 2 pièces. Æ.

991. — CONSTANTIAE AVGVSTI, restituée par Domitien. Æ.

Médaillons d'argent.

992. — Tête d'Agrippine à droite. ℞. Tête de Claude devant; en contremarque et en monogrammes, IMP. VESP. AVG. Pièce très-rare. AR.

993. — Tête de Claude. ℞. COM. ASIÆ. Temple; sur le péristyle, on lit : ROM. ET AVGVSTI. (Cohen, p. 157.) AR.

994. — Légende et tête de Claude. ℞. DIAN. EPHES. Diane d'Éphèse appuyée sur ses supports. AR.

995. — ANTONIA ΣΕΒΑCΤΗ. Buste d'Antonia à droite. ℞. Tête de Claude : beau médaillon en potin d'Égypte.

Coloniales.

996. — TI CLAVDIVS IMP. CAES. AVG. Tête laurée de Claude à droite. ℞. Q. OCTAVIO RVSCINO II VIR. COR. Temple à six colonnes sur un mont. Très-belle pièce. (Corinthe). Æ.

997. — FLACCO ET PVBLICOLA II VIR COR. Deux personnages en toge se donnant la main. Æ.

998. — Tête de Claude et de sa femme. ℞. Femme debout (Antioche de Syrie). Æ.

Messaline, femme de Claude.

999. — VALERIA MESSALINA CAPITONE CYTERONTE II VIR. Tête nue à droite de Messaline. ℞. TI CLAVDIVS CAESAR AVG. GERMANICVS. Tête nue de Claude à gauche. Æ.

Agrippine jeune, femme de Claude.

1000. — AGRIPPINA AVGVSTA. Tête d'Agrippine jeune à gauche. ℞. M. AC. CANDIDO II VIR COR. Figure en toge debout tenant une corne d'abondance et une patère; en bas, GEN. COL. (Corinthe). Très-rare. Æ.

1001. — Même tête, même légende. ℞. FVL. FLACCO II VIR COR. Bige d'hippocambes à gauche. Æ.

1002. — AC. CANDIDO. Bige de monstres marins à gauche.

1003. — FLACCO II VIR. Têtes d'Agrippine et de Claude. Æ.

Britannicus, fils de Claude et de Messaline.

1004. — BRITANNICVS CAESAR. Tête nue de Britannicus à gauche. ℞. CLAVDIVS AVG. Tête nue de Claude à droite. Très-rare. PB. (Ilium.)

Octavia altera filia.

1005. — Têtes en regard de Néron et d'Octavie. ℞. Tête de Néron. Æ. Fruste.

Néron.

1006. — Tête et légende de Néron. ℞. ADLOCUTIO COH. Néron haranguant trois chefs militaires. GB.

1007. — ℞. ANNONA AVGVSTA CERES. Deux Figures. Æ.

1008. — PORT. OS AVG. Port d'Ostie. Peu conservée. GB.

1009. — CONG. II DAT. POP. Cinq figures. GB.

1010. — DECVRSIO. Deux Cavaliers au galop. GB.

1011. — MAC. AVG. Les Boucheries. MB.

1012. — Temple de la Paix. GB. et MB. Deux pièces.

1013. — Autre MB. La porte du temple est à gauche. Pièce tres-rare.

1014. — ROMA. Rome guerrière assise à gauche. Æ.

1015. — Arc de triomphe avec quadrige. Æ.

1016. — Victoire; dessous, II, marque du Dupondius. Æ.

1017. — GENIO AVGVSTI. Génie sacrifiant. Æ.

1018. — Apollon tenant une lyre; I, marque de l'as. Æ.

1019. — CART. QVINQ. Instument (S semis). Æ.

1020. — Chouette. 2 pièces. Æ.

1021. — 7 variétés de Corinthe avec différents noms de duumvirs et différents types, tels que : Bellérophon, Vaisseau, Temple, Jeux Istmiens, etc. Æ.

1022. — NICANDROS. Bélier courant. Æ.

1023. — 2 pièces de colonies incertaines. Æ.

Médaillons de potin d'Egypte.

1024. — Tête de Néron et tête d'Auguste. ΘΕΟΣ, Navire à la voile, Apollon Actiaque. 3 pièces.

1025. — Tête de Néron. ℞. Tête de Poppée. Très-belle.

1026. — 70 monnaies coloniales en bronze. Ce lot sera divisé.

1027. **Junia.** Tête de Pallas à droite, X. ℞. C. IVNI C. F. ROMA. Dioscures à cheval. 6 pièces. AR.

1028. — Semis, triens, quadrans. 6 pièces. Æ.

1029. — M. IVNI ROMA. Dioscures à cheval. 3 pièces. AR.

1030. — Tête de Faune. ℞. D. SILANVS L. F. Victoire dans un bige à droite, tenant une palme; dessous, lituus. 4 pièces. AR.

1031. — SALVS. Tête de la Santé à droite. ℞. Semblable au précédent. 11 pièces. AR.

1032. — Tête de Pallas. ℞. Même légende et même bige que le n° 1030. Variété de lettres. 75 pièces. AR.

1033. — As et semis. 5 pièces. Æ.

1034. — C. CVRT. Tête casquée. ℞. M. SILA. Quadrige. 2 pièces. AR.

1035. — Tête de Brutus l'ancien. ℞. Tête d'Ahala. 4 pièces. AR.

1036. — LIBERTAS. Tête de la Liberté. ℞. BRVTVS. Le Consul Brutus marchant entre deux licteurs et précédé d'un accensus. 4 pièces. AR.

1037. LEIBERTAS. Tête de la Liberté. ℞. Ancre et proue. Quinaire. 2 pièces. AR.

1038. — BRVTVS. Hache, simpulum et secespita. ℞. LENTVLVS SPINT. Præfericulum et lituus. 2 pièces. AR.

1039. — CASCA LONGVS. Tête laurée de Neptune à droite; dessous, un trident. ℞. BRVTVS IMP. Victoire marchant sur un sceptre brisé, tenant une palme et un diadème déchiré. AR.

1040. — Même pièce, plus petite. AR.

1041. — Tête laurée d'Apollon à droite. ℞. Q. CAEPIO BRVTVS IMP. Trophée de Brutus entre deux captifs. Superbe conservation. AR.

1042. — COSTA LEG. Tête de femme laurée. ℞. BRVTVS IMP. Trophée avec un bouclier et deux javelots. AR.

1043. — LEIBERTAS. Tête de la Liberté à droite. ℞. CAEPIO BRVTVS PRO COS. Lyre entre le plectrum et un rameau. AR.

1044. — L. SESTI PRO Q. Tête voilée de la Liberté à droite. ℞. Q. CAEPIO BRVTVS PRO COS. Trépied entre une hache et un simpulum. AR.

1045. L. SESTI PRO Q. Table avec une haste; dessous, le modius. ℞. Q. CAEPIO BRVTVS PRO COS. Trépied entre le simpulum et un bonnet de flamine. Quinaire. AR.

1046. — BRVTVS IMP. L. PLAET CEST. Tête de Brutus à droite. ℞. EID. MAR. Bonnet entre deux poignards (Cohen, p. 175, n° 28). AR.

1047. — C. FLAVIVS HEMIC. LEG. PRO PR. Tête nue d'Apollon à droite; devant, une lyre. ℞. Q. CAEP. BRVT. IMP. Victoire couronnant un trophée. AR.

5

048. — M. SERVILIVS LEG. Tête de la Liberté laurée à droite. ℞. Q. CAEPIO BRVTVS IMP. Trophée avec un bouclier et deux javelots. (Cohen, p. 177, n° 4.) Or.

1049. — A. POSTVMIVS COS. Tête nue d'Aulus Postumius. ℞. ALBINVS BRVTI, dans une couronne d'épis. AR. 2 pièces.

1050. — Aigle tenant un sceptre et une couronne. ℞. ΚΟΣΩΝ. Brutus marchant entre deux licteurs. OR.

1051. — C. PANSA. Tête de Pansa à droite. ℞. ALBINVS BRVTI F. Deux mains jointes tenant un caducée. AR.

1052. — Tête de la Piété. ℞. Semblable. AR.

1053. — Tête de Marc-Antoine. ℞. M. SILANVS AVG. Q. PRO COS., dans le champ. AR.

1054. — L. PLAET. CEST. Tête de femme voilée avec le modius sur la tête. ℞. BRVTVS IMP. Hache et vase à sacrifice. AR.

1055. — Tête d'Hercule. ℞. Q. CEP. Massue. PB.

1056. **Juventia**. Tête de Pallas à droite. X. ℞. TAL. ROMA. Diane dans un bige au galop, à droite. AR.

1057. — Même tête. ℞. C. TAL. ROMA. Victoire dans un bige. 4 pièces. AR.

1058. — Avec le même monogramme, as, semis, quadrans, sextans. 7 pièces. Æ.

1059. **Licinia**. Tête casquée. ℞. L. LICI DOM. Mars combattant dans un bige.

1060. — METELLVS PIVS SCIPIO IMP. Tête de Jupiter en Terme. ℞. CRASSI IVN. LEG. PRO PR. Chaise curule, une main et un épi. AR.

1061. — Même légende, tête tourelée de femme. Trophée entre le lituus et le præfericulum. AR.

1062. — Même légende. ℞. Femme debout, tête de lion. AR.

1063. — Tête de Jupiter jeune. ℞. C. LICINIVS C. F. MACER. Pallas dans un quadrige, tenant un bouclier et un javelot. AR.

1064. — Tête de femme laurée à droite. ℞. C. CRASSVS M. F. Cavalier debout de face, armé d'une haste et tenant un cheval par la bride; à terre, une cuirasse et un bouclier. AR.

1065. — A. LICINIVS FIDES. Tête tourelée de la Fidélité à droite. ℞. NERVA III VIR. Cavalier en course, traînant un barbare par les cheveux. AR.

1066. — NERVA FIDES. Tête de la Fidélité. ℞. A. LICINIVS III VIR. Cavalier comme ci-dessus. 6 pièces. AR.

1067. — NERVA. Tête de Pallas à droite. ℞. A. LICINI. Victoire debout tenant une palme et une couronne. (Quinaire.) AR.

1068. — NERVA. Tête laurée d'Apollon à droite. ℞. A. LICINI. Victoire debout tenant une palme et une couronne. (Sesterce.) AR.

1069. AVGVSTVS TR. POT. Tête nue d'Auguste à droite. ℞. P. STOLO III VIR. Bonnet de flamine entre deux ancilles. AR.

1070. — MVRENA ROMA. As, semis, triens, quadrans, proue de vaisseau. 11 pièces. Æ.

1071. — *Monétaires*. P. LICINIVS STOLO III VIR. A. A. A. FF. S C. 4 GB.

1073. — 3 MB. du même.

1074. — LICINIVS NERVA SILANVS. 4 MB.

1075. — A. LICINIVS STOLO. Inédite. Æ. L. LICINIVS. Frappée à Paestum. 2 pièces. Æ.

1076. — **Livineia.** REGVLVS PR. Tête nue du préteur Regulus. ℞. L. LIVINEIVS REGVLVS. Modius entre deux épis. 2 pièces. AR.

1077. — Le même. ℞. Chaise curule entre six faisceaux. 2 pièces. AR.

1078. — Variétés de la même pièce. 2 pièces. AR.

1079. — Mêmes tête et légende. ℞. L. REGVLVS. Deux Gladiateurs nus combattant : l'un armé d'une haste contre un lion, l'autre armé d'une épée et d'un bouclier contre un tigre. 2 pièces. AR.

1080. — REGVLVS F. PRÆF. VR. Chaise curule entre deux faisceaux. 2 pièces. AR.

1081. — Tête laurée de Jules-César à droite, entre une branche de laurier et un caducée. ℞. L. LIVINEIVS REGVLVS. Taureau furieux courant. AR.

1082. — C. CAESAR III VIR. R. P. C. Tête nue d'Octave. ℞. L. LIVINEIVS REGVLVS. Victoire passant tenant une couronne et une longue palme. AR.

1083. — 12 PB. variés. REGVLVS PVLCHER TAVRVS. Æ.

1084. **Lollia.** LIBERTATIS. Tête diadémée de la Liberté à droite. ℞. PALIKANVS. La tribune aux harangues ornée d'éperons de navires. 2 pièces. AR.

1085. — HONORIS. Tête de l'Honneur à droite. ℞. PALIKANVS. Chaise curule entre deux épis. 3 pièces. AR.

1086. — FELICITATIS. Tête diadémée de la Félicité à droite. ℞. PALIKANVS. Victoire dans un bige au galop. Quinaire, cité par Cohen, du cabinet de M. Riccio. AR.

1087. — SC. Vase. ℞. PALIKANVS. Globe sur un cippe. Sesterce très-rare. AR.

1088. — L. LOLLI. Chaise curule, Cyrénaïque romaine. GB.

1089. — L. LOLLIVS. Cerf à droite, Cyrénaïque. 4 pièces. Æ.

1090. — L. LOLLIUS. Massue. ℞. Couronne. Æ.

1091. — ΛΟΛΛΙΟΙ. Serpent. ℞. C. LOLLI II VIR. Livie voilée assise. Paestum. 2 pièces. Æ.

1092. **Lucilia.** ΓV. Tête de Pallas. ℞. M. LVCILI RVF. Victoire dans un bige. 3 pièces. AR.

1093. **Lucretia.** TRIO. Tête de Pallas. CN. LVCR. Dioscures à cheval. 4 pièces. AR.

1094. — Tête radiée du Soleil à droite. ℞. L. LVCRETI TRIO. Croissant entouré de sept étoiles. 2 pièces. AR.

1095. — Tête laurée de Neptune à droite, avec le trident, lettres numérales variées. ℞. L. LVCRETI TRIO. Cupidon sur un dauphin. 13 pièces. AR.

1096. — Le type du croissant avec les sept étoiles, restituée par Trajan. AR.

1097. **Luria.** MB. de M. LVRIVS AGRIPPA.

1098. **Lutatia.** Tête de Pallas à droite, x. ℞. Q. L. C. ROMA. Les Dioscures à cheval à droite. 3 pièces. AR.

1099. — CERCO ROMA. Tête de Pallas à droite. Le casque orné de deux plumes et de deux étoiles. ℞. Q. LVTATI Q. Galère avec une tête de femme, casque à la proue, acrostolium à la poupe, le tout dans une couronne de chêne. 3 pièces. AR.

1100. — La même, sans le mot CERCO. (Cohen, p. 193, n. 3.) AR.

1101. — Tête d'Hercule à droite avec la peau de lion. ℞. Q. LVTATI ROMA. Proue de vaisseau; au-dessus, les bonnets des Dioscures. Quadrans. Æ.

1102. **Maecilia.** CAESAR AVGVSTVS PONT MAX. TRIBVNIC. POT. Tête nue d'Auguste à droite. ℞. M. MAECILIVS TVLLVS III VIR A. A. A F. F. S. C. 8 pièces. MB.

1103. — Tête laurée d'Auguste à gauche; derrière, une Victoire debout tenant une corne d'abondance et lui attachant sa couronne. MB. Très-beau.

1104. **Maenia.** Tête de Pallas à droite. x. ℞. P. MAE. en monogramme; les Dioscures à cheval à droite. AR.

1105. — La même. P. MAE. ANT. ROMA. Victoire dans un quadrige, au galop, à droite, tenant une couronne. 4 pièces. AR.

1106. — MAE ROMA. Proue, MAE. Proue et bouclier rond; dans le champ. Triens très-rare. MAE ANT. M. F. ROMA. Quadrans. 6 pièces. Æ.

1107. **Maiania.** Tête de Pallas à droite. ℞. C. MAIANI ROMA. Victoire dans un bige au galop, à droite. 4 pièces. AR.

1108. — C. MAIANI ROMA. Proue, as, triens, quadrans. 10 pièces. Æ.

1109. **Mamilia.** Tête laurée de Janus; au-dessus, I. ℞. C. MAMILI ROMA. Proue de vaisseau sur laquelle on voit Ulysse en mendiant, avec un bâton noueux. As. Æ.

1110. — La même, mais sans C. MAMILI. Æ. 2 pièces variées.

1111. — Semis avec MAMILI ROMA.—Triens sans MAMILI, inédit.—Triens avec C. MAMILI. Exergue, ROMA. 3 pièces. Æ.

1112. — Buste de Mercure à droite avec le pétase ailé et un caducée, variété de lettres. ℞. C. MAMIL. LIMETAN. Ulysse en mendiant, avec le bâton et le bonnet de voyage, est reconnu à son chien. 15 p. AR.

1113. **Manlia**. SER. ROMA. Tête de Pallas à droite, avec le casque orné d'une plume. ℞. A. MANLI Q. F. Le Soleil de face dans un quadrige; de chaque côté, un astre; au-dessus, un croissant. 2 pièces. AR.

1114. — L. MANLI. PRO Q. Tête de Pallas. ℞. L. SVLLA IMP. Sylla, dans un quadrige au pas, est couronné par la Victoire. 6 pièces. AR.

1115. — Tête de Pallas à droite dans un collier. ℞. L. TORQVA Q. EX. S. C. Cavalier casqué courant à gauche, tenant un bouclier et une haste. 3 pièces. AR.

1116. — SIBYLLA. Tête de la Sibylle dans une couronne. ℞. L. TORQVAT. III VIR. Trépied surmonté d'un vase entre deux étoiles; le tout dans une couronne. AR.

1117. — Tête de Pallas. ℞. T. MANL. AP. CL. Q. VR. Victoire dans un trige. 4 pièces. AR.

1118. **Marcia**. LIBO. Tête de Pallas et X. ℞. MARC. ROMA. Les dioscures à cheval, à droite. 3 pièces. AR.

1119. — As, semis, triens, quadrans, sextans, de ce même monétaire. Q. MARC. 8 pièces. Æ.

1120. — M. MARC. ROMA. Victoire dans un bige. 3 pièces. AR.

1121. — Triens, quadrans, de ce même monétaire. 6 pièces.

1122. — Q. MAR. C. F. L. R. ROMA. Victoire dans un quadrige. 2 pièces. AR.

1123. — L. CENSORINVS. Le satyre Martius debout tenant une outre; derrière, une statue sur une colonne. 4 pièces. AR.

1124. — Même monnaie, avec symboles et les lettres numérales variées. Palme, couronne, trident, insecte. 4 pièces. AR.

1125. — Tête d'Apollon diadémée à droite. ℞. C. CENSORIN. Cheval au galop couronné par la Victoire; dans le champ, palme et couronne; emblème des jeux équestres. Unique de la collection Fontana. AR.

1126. — Cheval au galop; variété de symbole. 20 pièces. AR.

1127. — ANCVS. Tête diadémée d'Ancus Marcius à droite. ℞. PHILIPPVS. Statue équestre sur un pont; entre les arches on lit AQVA MAR. 2 pièces. AR.

1128. — Deux autres rares sur lesquelles on lit : AQVA MARC. 2 pièces. AR.

1129. — Une autre inédite, sur laquelle on lit: AQVA MARCI. AR.

1130. — ROMA. Tête de Philippe V avec le casque macédonien à deux cornes. ℞. L. PHILIPPVS, écrit sur la base qui soutient la statue de Philippe. AR.

1131. — Quadrans, avec L. PHILIPPVS. Æ.

1132. — Tête casquée. ℞. Q. PHILIPPVS ROMA. Philippe V à cheval; derrière, casque à deux cornes. AR.

1133. — Têtes diadémées de Numa Pompilius et d'Ancus Martius. ℞. C. CENSOR. Cavalier conduisant deux chevaux. 21 pièces. AR.

1134. — Tête de Numa et d'Ancus Marcius. ℞. C. CENSO. Victoire sur une colonne, proue de vaisseau. 3 pièces variées. Æ.

1135. — Tête barbue de Jupiter Pluvius. ℞. LENTVLVS MARCVS. Diane d'Éphèse, avec ses supports.

1136. — Le même, avec aigle et enseignes militaires. AR.

1137. — Monétaire d'Auguste. ℞. C. MARCIVS CENSORINVS A. A. A. F. F. S. C. GB. et MB. 2 pièces.

1138. — Une en argent comme la Crepusia, et une coloniale de Cartiea en bronze. Tête de Jupiter à droite; derrière, S. ℞. L. MARCI. Proue; à l'exergue, CARTE S. Semis. 2 pièces.

1139. **Maria**. Tête laurée de Janus; au-dessus, I. ℞. Q. MARI. ROMA. Proue de vaisseau à droite. I. As. Æ.

1140. — Même légende, semis, triens, quadrans, sextans. 4 pièces. Æ.

1141. — C. MARI. C. F. CAPIT., un chiffre. Tête de Cérès à droite. ℞. Colon conduisant deux bœufs, avec le chiffre de la tête VII. VIII. VIIII. X. XI. XII. XIX. XXI. XXIII. 7 pièces. AR.

1142. — La même, plus rare, avec S. C. à l'exergue, et différents symboles, tels que grenouille, cigale, rat, papillon, insecte, et les chiffres XXVII, XXVIII, XXIX-XXXI-XXIV. 5 pièces. AR.

1143. — Autre, avec C. MARI. C. F. S. C. au revers, et différentes lettres numérales. 45 pièces. AR.

1144. — AVGVSTVS. Tête nue d'Auguste à droite; derrière, lituus. ℞. C. MARIVS TRO III VIR. Tête de Livie sous les traits de Diane, un carquois derrière le dos. AR.

1145. — C. MARIVS TRO III VIR. Têtes de Julie et de ses deux fils Caius et Lucius. Fourrée. AR.

1146. — AVGVSTVS. Tête d'Auguste. ℞. C. MARIVS C. F. TRO III VIR. Agrippa et Auguste debout tenant chacun une couronne; à leurs pieds, deux autels. AR.

1147. — Même légende; quadrige dans lequel est une palme. AR.

1148. **Matia**. MAT. ROMA. Dioscures à cheval à l'avers de la tête casquée. AR. 3 pièces.

1149. — Une autre d'un plus petit module. AR.

1150. — Victoriat. 4 pièces variées. AR,

1151. — Tête casquée. ℞. MAT. ROMA. Quinaire. 2 pièces variées. AR.

1152. — As. 11 pièces. Æ.

1153. — Semis, triens, quadrans, sextans, un inédit. 7 pièces. Æ.

1154. **Memmia**. Tête barbue et laurée de Janus. ℞. L. MEMMI. ROMA. Proue de vaisseau terminée par une tête de Vénus couronnée par Cupidon. As. GB.

1155. — Semis du même type, quadrans. 3 pièces. Æ.

1156. — ROMA. Tête de Saturne à gauche. ℞. L. MEMMI. GAL. Vénus dans un bige, couronnée par Cupidon, lettres diverses. 34 pièces. AR.

1157. — L. C. MEMMIES L. F. GAL. Comme la précédente. 25 pièces. AR.

1158. — C. MEMMI. C. F. QVIRINVS. Tête de Romulus à droite. ℞. MEMMIVS AED. CERIALIA PREIMVS FECIT. Cérès assise à droite, tenant des épis et une quenouille; à ses pieds, un serpent. 2 pièces. AR.

1159. — Tête virile jeune à droite. ℞. L. MEMMI. Les dioscures debout à côté de leurs chevaux. AR. 7 pièces.

1160. — C. MEMMI. C. F. Tête de Cérès, couronnée d'épis. ℞. C. MEMMIVS IMPERATOR. Un captif au pied d'un trophée. 5 pièces. AR.

1161. **Mescinia**. I. O. M. S. P. Q. R. V. S. PR. S. IMP. CAES. QVOD PER EV R. P. IN AMP. AT. Q. TRAN. S. E., en sept lignes dans une couronne de chêne. ℞. L. MESCINIVS RVFVS III VIR. Cippe sur lequel on lit : IMP. CAES. AVG. COMM. CONS. S. C., dans le champ. AR.

1162. — IMP. CAESAR AVGVSTVS S. C. OB. R. P. C. Tête d'Auguste jeune et imberbe de face au milieu d'un bouclier rond entouré d'une couronne de laurier. ℞. L. MESCINIVS RVFVS III VIR. Mars nu sur un cippe, sur lequel on lit : S. P. Q. R. V. S. PRO S. ET. RED. AVG. AR.

1163. — CAESAR AVGVSTVS TR. POT. Tête laurée d'Auguste à droite. ℞. MESCINIVS RVFVS III VIR. Cippe sur lequel on lit, IMP. CAES. AVG. LVD. SAEC.; dans le champ, XV. S. F.

1164. — Tête d'Auguste. ℞. Mars nu debout sur un cippe. L. MESCINIVS RVFVS. 2 pièces. AR.

1164 bis. **Metilia**. Tête laurée de Jupiter à droite. ℞. Victoire couronnant un trophée; dans le champ, CROT.; à l'exergue, ROMA. AR.

1165. — Le même type, avec un monogramme, qui permet de lire, KRO et TA; à l'exergue, ROMA. Quinaire. AR.

1166. **Mettia**. CAESAR DICT. QVART. Tête laurée de Jules César à droite. ℞. Junon Sospita dans un bige au galop; elle tient un bouclier et lance un javelot; à l'exergue, M. METTIVS. AR.

1167. — CAESAR IMP. OU IMPER. Tête laurée de Jules César à droite. ℞. M. METTIVS. Vénus debout tenant une Victoire et la haste; derrière elle, un bouclier; à ses pieds, un globe, lettres variées. 8 pièces. AR.

1168. **Minatia**. Tête d'Hercule couverte de la peau du lion à droite. ℞. MINATI.; dessous, AVILAN; massue dans le champ. (Aulari de Dalmatie.) 3 pièces. Æ.

1169. **Minutia**. ROMA. Tête de Pallas, X. ℞. C. AVG. Colonne surmontée d'une statue, deux hommes en toge debout, épi. 3 pièces. AR.

1170. — AVGVRINI. MINVCI. C. F. ROMA. Semblable à la précédente. 3 pièces. AR.

1171. — AVG. ROMA. Semis, un autre plus petit, et quadrans sur lequel on lit, AVGVRNI. 7 pièces. Æ.

1172. — Semis, TI. AVGVRINI ROMA; semis, triens, quadrans. 4 pièces. Æ.

1173. — Épi. ℞. Lituus, peut-être une once, L. MINVCI ROMA. Semis, quadrans. 4 pièces. Æ.

1174. — L. MINVCI. ROMA. Jupiter dans un quadrige. 4 pièces. AR.

1175. — RVF. Tête de Pallas. ℞. Q. MINV. ROMA. Dioscures à cheval. 4 pièces. AR.

1176. — Quadrans avec la même légende. 2 pièces. Æ.

1177. — Tête casquée de Pallas à gauche. ℞. Q. THERM. M. F. Deux soldats combattant avec l'épée et le bouclier, un autre est à terre. 6 pièces. AR.

1178. **Mucia**. KALENI. HO. VIRT. Têtes de l'Honneur et de la Vertu. ℞. CORDI. ITAL. RO. L'Italie et Rome se donnant la main. AR.

1179. **Munatia**. M. ANTONIVS IMP. AVG. III VIR R. R. P. C. Lituus et præfericulum. ℞. L. PLANCVS PRO COS. Foudre, caducée et præfericulum. AR.

1180. — La même, sans les deux R. R. et IMP. ITER. AR.

1181. — C. CAESAR DICT. TER. Buste de la Victoire à droite. ℞. L. PLANC. PRAEF. VRB. Præfericulum. OR.

1182. — La même. Quinaire. OR. (Coh., p. 221.)

1183. **Mussidia**. Tête de Cérès à droite, couronnée d'épis. ℞. L. MVSSIDI. LONGVS dans une couronne d'épis. (Coh., p. 221.) OR.

1184. — Buste de la Victoire. ℞. L. MVSSIDIVS LONGVS. Victoire dans un bige au galop à droite. 2 pièces. AR.

1185. — Deux autres variées. AR.

1186. — CONCORDIA. Tête de la Concorde diadémée et voilée. ℞. L. MVSSIDIVS LONGVS. Deux mains jointes tenant un caducée. 3 pièces. AR.

1187. — Tête radiée du Soleil de face. ℞. Même légende, deux figures debout dans l'enceinte des comices, au bas de laquelle on lit, CLOAC ou CLOACIN. 2 pièces. AR.

1188. — Tête de la Concorde; devant, croissant. ℞. Enceinte des comices; comme la précédente. 3 pièces. AR.

1189. — Autre semblable; devant la tête, une étoile. 2 pièces. AR.

1190. — Autre semblable, sans symbole devant la tête. 3 pièces. AR.

1191. — Tête de Jules César laurée à droite. ℞. L. MVSSIDIVS LONGVS. Gouvernail, globe, corne d'abondance, caducée et bonnet de flamine. 2 pièces. AR.

1192. — Tête de César laurée à droite. ℞. L. M. dans une couronne de laurier; dessous, ROMA. Très-rare. 2 PB.

1193. — AVGVSTVS CORINTI. Tête d'Auguste à droite. ℞. C. MVSSIDIO PRISCO II VIR C. HEIO POLLIONE ITER, dans une couronne de laurier. PB.

1194. **Naevia**. NAEVIVS SVRDINVS III VIR A. A. A. F. F. S. C. ℞. OB CIVES SERVATOS, dans une couronne de chêne, entre deux branches de laurier. Grand médaillon unique. Æ.

1195. — Semblable en GB. (Coh., p. 225.) 3 pièces. Æ.

1196. — Semblable; légende dans une couronne. MB. 10 pièces. Æ.

1197. — Tête d'Auguste. ℞. Légende comme ci-dessus. 4 pièces. Æ.

1198. — Tête d'Auguste. ℞. C. NAEVIVS CAPELLA S. C. ℞. III VIR A. A. A. F. F. Au milieu, un coin de monnaie. 3 PB.

1199. — S. C. Tête de Vénus à droite, lettres diverses. ℞. C. NAE. BALB. Victoire dans un bige; dans le champ, variété de lettres ou lettres numérales; la dernière est CCXXX. 77 pièces. AR.

1200. **Nasidia.** NEPTVNI. Tête nue de Sextus Pompée à droite; devant, un trident; dessous, un dauphin. ℞. Q. NASIDIVS. Galère à la voile, avec des rameurs ; dans le champ, étoile. AR.

1201. — Semblable. Q. NASIDIV. à la légende. AR.

1202. **Neria.** NERI. Q. VRB. Tête de Saturne à droite; derrière, la harpa. ℞. L. LENT. C. MARC. COS. Aigle légionnaire entre deux enseignes militaires; sur l'un, H; sur l'autre, P; le tout dans un grènetis. AR.

1203. **Nonia.** SVFENAS S. C. Tête de Neptune; derrière, la harpa et un bonnet. ℞. SEX. NONI. PR. L. V. P. F. Rome casquée assise sur des boucliers et tenant une haste; derrière elle, Victoire qui la couronne. 4 pièces. AR.

1204. — SEX. NONIVS QVINTILIAN. MB. 5 pièces. Æ.

1205. **Novia.** M. NOVIO BASSO M. ANT. HIPPARCO; au milieu, une torche allumée. ℞. II VIR COR. Génie à gauche; Corinthe. Æ.

1206. **Norbana.** C. NORBANVS. Tête diadémée de Vénus à droite. ℞. Proue de vaisseau, hache avec faisceaux, caducée et épi. 7 pièces. AR.

1207. — Autre, avec épi, hache avec faisceaux, caducée. 5 pièces. AR.

1208. **Numitoria.** ROMA. Tête de Rome casquée à droite, X. ℞. C. NVMITORI. Victoire dans un quadrige au galop à droite. Pièce de la plus grande rareté. (Cohen, p. 232.) AR.

1209. — C. NVMITORI. ROMA. Semis, triens, quadrans, sextans. 7 pièces. Æ.

1210. — Autre variée, semis et quadrans. 7 pièces. Æ.

1211. **Numonia.** Buste ailé de la Victoire à droite. C. NVMONIVS VAALA. Soldat attaquant un retranchement défendu par deux autres soldats. OR.

1212. — C. NVMONIVS VAALA. Tête nue de Numanius Vaala à droite. ℞. Semblable au précédent. AR.

1213. — Tête de Rome casquée à droite, X. ℞. NAALA MAVNITE. Exer., ROMA. Victoire dans un bige au galop à droite. Style ancien. AR.

1214. — Quadrans, tête d'Hercule couverte de la peau du lion à droite. ℞. NVM. Proue; dessous, ROMA. Æ.

1215. **Ogulnia**. Tête de Jupiter jeune; dessous, un foudre. ℞. OGV. GAR. VER. Jupiter dans un quadrige au galop, lançant la foudre. AR.

1216. — Tête de Janus. ℞. Même légende. Proue et trois lettres différentes, as. 3 pièces. Æ.

1216 bis. — Tête de Rome casquée, X. ℞. L. OPEI. ROMA. Victoire dans un quadrige au galop à droite. 4 pièces. AR.

1217. — Tête de Pallas; derrière, trépied. ℞. M. OPEIMI. ROMA. Apollon dans un bige au galop, tenant un arc et lançant une flèche. 4 pièces. AR.

1218. — OPEIMI ROMA. As, quadrans. 6 pièces. Æ.

1219. — OPEI. As, semis, quadrans. 8 pièces. Æ.

1220. — Tête d'Hercule barbue, avec la peau du lion, à droite. ℞. Quadrans, OPEIMI ROMA en deux lignes; au milieu, massue; le tout dans une couronne de laurier. Inédite, très-belle de style et de conservation. Æ.

1221. **Oppia**. M. ANT. AVG. IMP. COS. DESIG. ITER ET TER III VIR R. P. C. Têtes accolées de Marc-Antoine, Auguste et Octavie. ℞. M. OPPIVS CAPITO PRAEF. CLASS. F. C. Galère à la voile avec des rameurs; au-dessus, triquetra. Médaillon. (Coh., p. 237.) Æ.

1222. — La même, moins bien conservée. Æ.

1223. — Autre semblable, mais seulement avec les têtes de Marc-Antoine et Octavie. Æ.

1224. — Tête de femme. ℞. Q. OPPIVS P. R. Victoire à gauche, tenant une palme et une patère. Æ. 3 pièces.

1225. **Papia**. TRIVMPVS. Tête laurée du Triomphe à droite; derrière, un trophée. ℞. CELSVS III VIR L. PAPIVS. Louve tenant dans sa gueule un bâton enflammé et mettant le feu à un amas de bois; un aigle attise le feu avec ses ailes. 7 pièces. AR.

1226. — Semblable, mais avec la tête de Junon Sospita. 3 pièces. AR.

1227. — Tête de Junon Sospita à droite. ℞. L. PAPI. Griffon courant à droite; à l'avers et au revers, symboles variés. La plus grande collection connue. 125 pièces. AR.

1228. — Tête de la Victoire. ℞. CELSVS L. PAPIVS. Jeune fille donnant à manger à un serpent. Quinaire. AR.

1229. — CELSVS. Tête de Mercure à droite, avec le pétase ailé; derrière, un caducée ailé. ℞. Lyre. Très-belle pièce. AR.

1230. — As, avec le griffon sur la proue. 2 pièces. Æ.

1231. **Papiria.** Tête de Pallas, M. CARBO, OU CARBO ROMA. Jupiter dans un quadrige au galop, lançant la foudre. 4 pièces. AR.

1231 bis. — M. CARB. Exergue, ROMA. As, semis, triens, quadrans, sextans. 8 pièces. Æ.

1231 ter. — PAPIRIO CARBONO. Rome à gauche assise, tenant une Victoire et un sceptre. — Autre avec NIKEΩN et la tête d'un bacchant. (Pièce de Bythinie.) 2 pièces. Æ.

1232. **Pedania.** COSTA LEG. Tête laurée de femme à droite. ℞. BRVTVS IMP. Trophée avec un bouclier et deux javelots. AR.

1233. — Même pièce variée. AR.

1234. **Petillia.** CAPITOLINVS. Tête de Jupiter laurée à droite. ℞. PETILLIVS. Temple à six colonnes. 2 pièces. AR.

1235. — PETILLIVS CAPITOLINVS. Aigle éployé sur un foudre. ℞. Temple à six colonnes. 2 pièces. AR.

1236. Même pièce. Le temple est accosté des lettres F. S. 2 pièces. AR.

1237. **Petronia.** FERON. TVRPILLIANVS III VIR. Tête tourellée de la déesse Feronia à droite. ℞. AVGVSTVS. Couronne de chêne, dans laquelle on lit, O. C. S. (Coh., p. 245, n° 9.) Unique. OR.

1238. — Même tête et même légende. ℞. AVGVSTO OB C. S. dans une couronne de chêne. OR.

1239. — CAESAR AVGVSTVS. Tête nue d'Auguste à droite. ℞. P. PETRON. TVRPILLIAN. III VIR. Pan nu debout, tenant le pedum et le syrinx. (Coh., p. 246, n° 20.) AR.

1240. — Même tête, même légende. ℞. PETRON. TVRPILLIAN. III VIR. Sirène tenant la double flûte. AR.

1241. — TVRPILIANVS III VIR. Tête de la déesse Feronia. ℞. CAESAR AVGVSTVS. L'empereur dans un bige d'éléphant à gauche, tenant une branche de laurier et un sceptre. AR.

1242. — Même légende. Tête de Bacchus à droite. ℞. CAESAR DIVI F. ARM. CAPT. L'Arménie avec la tiare à genoux à droite, et tendant les mains. AR.

1243. — FERON. TVRPILLIANVS III VIR. Tête de Féronie. ℞. CAESAR AVGVSTVS SIGN. RECE. Parthe à genoux présentant une enseigne militaire. AR.

1243 bis. — TVRPILLIANVS III VIR. Tarpeia écrasée sous des boucliers et levant les mains au ciel. AR.

1244. — Tête de Bacchus. ℞. CAESAR AVGVSTVS SIGN. RECE. Parthe à genoux, etc. 2 pièces. AR.

1245. — Tête d'Auguste. ℞. PETRONIVS TVRPILIANVS III VIR. Pégase. AR.

1246. — Même tête. ℞. TVRPILIANVS III VIR. Croissant et étoile. AR.

1247. **Pinaria**. Tête de Pallas à droite. ℞. NAT. ROMA. Victoire dans un bige au galop. 3 pièces. AR.

1248. — Même pièce, avec NATTA. 3 pièces. AR.

1249. — NAT. ROMA. As, semis, triens, quadrans, sextans, uncia inédite. 14 pièces. Æ.

1250. — SCARPVS IMP. Main ouverte. ℞. CAESARI DIVI F. Victoire sur un globe. AR.

1251. — IMP. CAESARI SCARPVS IMP. Main ouverte. ℞. Victoire sur un globe.

1252. — SCARPVS IMP. Main. ℞. CAESAR DIVI F. Victoire debout tenant une couronne et une palme. Quinaire de la première rareté.

1253. **Plaetoria.** L. PLAET. CEST. Tête de femme voilée et laurée coiffée du modius. ℞. BRVTVS IMP. Hache et simpulum. (Coh., p. 251, n° 13.)

1254. —MONETA. S. C. Tête diadémée de Junon Moneta à droite. ℞. L. PLAETORI. L. Q. F. S. C. Athlète nu courant, portant une palme et un ceste dénoué; dessous, symboles différents. 4 pièces. AR.

1255. — Tête de femme à droite; derrière, variété de symboles. ℞. M. PLAETORI. CEST. S. C. Buste d'un jeune homme de face sur une base sur laquelle on lit, SORS. 2 pièces. AR.

1256. — Tête de Sibylle à gauche; derrière, symbole. ℞. M. PLAETORI. CEST. Fronton du temple de Préneste, sur lequel on voit un géant. AR.

1257. — Deux autres pareilles, mais frustes. AR.

1258. — Tête de Bacchant. ℞. M. PLAETORI. CEST. EX. S. C. Præfericulum et torche. 5 pièces. AR.

1259. — CESTIANVS. Buste de femme à droite, avec un casque à crinière, avec arc et carquois; devant, S. C. ℞. M. PLAETORIVS M. F. AED. CVR. Aigle éployé sur un foudre. 8 pièces. AR.

1260. — CESTIANVS. Tête tourellée de femme. ℞. Légende du numéro précédent, chaise curule, différents symboles. 16 pièces. AR.

1261. — Tête de Bacchant. ℞. Caducée ailé. 10 pièces. AR.

1262. — Tête d'Apollon. ℞. Caducée ailé. 19 pièces. AR.

1263. — **Plancia**. CN. PLANCIVS AED. CVR. Tête de Diane Plancienne à droite, avec des boucles d'oreilles et un collier. ℞. Chèvre debout; devant elle, un carquois et un arc. 11 pièces. AR.

1264. **Plautia**. Tête de Pallas à droite. ℞. L. PL. H. en monogramme. Les dioscures à cheval; dessous, ROMA. 2 pièces. AR.

1265. — Même pièce, mais le monogramme est au-dessus. 2 pièces. AR.

1266. — Même monogramme, as, semis, quadrans. 4 pièces. Æ.

1267. — L. F. D. A. P. Proue. As, semis, quadrans. 3 pièces. Æ.

1268. — A. PLANTIVS AED. CVR. S. C. Tête tourelée. ℞. BACCHIVS IVDAEVS. Bacchius à genoux tenant un chameau par le frein. 10 pièces. Æ.

1269. — P. IPSAE S. C. Tête de Neptune à droite; derrière, trident. ℞. P. IPSAE COS. PRIV. CAEPT. Jupiter dans un quadrige au galop à gauche. 6 pièces. AR.

1270. — Tête d'Amphitrite; derrière, un dauphin. ℞. Même légende. quadrige. 4 pièces. AR.

1271. — M. SCAVR. AED. CVR. EX. S. C. Aretas à genoux tenant un chameau et présentant une branche d'olivier; à l'exergue, ARETAS. ℞. C. H. IPSAE AED. CVR. E. HYPSAE COS. PREIVI. CAPT. Quadrige. 10 pièces. La légende du revers varie beaucoup. AR.

1280. — La même pièce, restituée par Trajan; on n'en connaît pas d'autre de cette famille. AR.

1281. — L. PLANTIVS. Tête de face de la Gorgone. ℞. PLANCVS. L'Aurore volant dans les airs et conduisant les quatre chevaux du Soleil. 10 pièces. AR.

1282. — Tête casquée. ℞. P. PLVTI. ROMA. Les dioscures à cheval à droite. 3 pièces. AR.

1283. **Plotia**. Le Monétaire. C. PLOTIVS RVFVS. 3 GB.

1284. — Même Monétaire. 10 moyens bronzes et PB.

1285. **Poblicia**. Tête de Pallas à droite. ℞. ROMA. Les dioscures à cheval; au-dessus, maillet et apex. 3 pièces. AR.

1286. — Avec les mêmes symboles; as, semis, triens, 4 pièces. Æ.

1287. — Avec le maillet seul; as, semis, triens, quadrans. 4 pièces. Æ.

1288. — Tête de Mars casquee a droite; au-dessus, MALLEO. ℞. C MAL. Homme nu, portant le strophium et une lance; devant, trophée et symboles variés. 15 pièces. AR.

1289. — C. MALLE C. F. Tête de Pallas. ℞. Mars dans un bige, agitant son javelot. 3 pièces. AR.

1290. — Tête d'Apollon. ℞. C. MALL. ROMA. Rome assise, couronnée par la Victoire. 4 pièces. AR.

1291. — ROMA. Tête de Rome casquée à droite. ℞. C. POBLICI. Q. F. Hercule étouffant le lion; dessous, une massue; à droite, un arc et un carquois, lettres variées. 28 pièces. AR.

1292. — M. POBLICI. LEG. PROPR. Tête de Pallas à droite. ℟. CN. MAGNVS IMP. Pompée debout, le pied appuyé sur une proue de vaisseau, présentant une palme à une femme qui porte un bouclier et deux hastes. 2 pièces. AR.

1293. **Pompeia.** MAGNVS PIVS IMP. ITER. Tête nue de Sextus Pompée à droite, dans une couronne de chêne. ℟. PRAEF. CLASS. ET ORAE MARIT. EX. S. C. Têtes nues de Pompée père et de Cneius Pompée fils en regard; à gauche, le lituus; à droite, un trépied. (Cohen, p. 263, nº 27.) OR.

1294. — Tête de Janus laurée et barbue. ℟. CN. MAG. Proue de vaisseau. As.

1295. — Tête nue et imberbe de Pompée le Grand, à droite. ℟. ΠΟΜΠΗΙΟΠΟΛΕΙΤΩΝ. Victoire marchant à droite et tenant une palme et une couronne. Très-beau MB. de Pompeiopolis. Æ.

1296. — L. POMP. ROMA. As, semis, triens, quadrans. 5 pièces. Æ.

1297. — MAGNVS PROCOS. Navire. 2 pièces. AR.

1298. — VARRO PRO Q. Buste en Terme lauré et barbu. ℟. MAGNVS PRO COS. Sceptre entre un aigle et un dauphin. AR. 2 pièces.

1299. — M. POPLICI LEG. PRO PR. Tête imberbe avec de longs cheveux et casquée. ℟. CN. MAGNVS IMP. Pompée le Grand descend d'un vaisseau et vient à la rencontre de l'Espagne personnifiée, etc. 4 pièces. AR.

1300. — Q. NASIDIVS. Tête nue de Sextus Pompée. ℟. Q. NASIDIVS. Navire à la voile. AR.

1301. — M. PIVS IMP. ITER. Tête de Sextus Pompée. ℟. CLAS ET ORÆ MARIT. EX. SC. Les deux frères de Catane portant leurs parents sur leurs épaules; entre eux, Neptune avec l'acrostolium, le pied sur une proue de vaisseau. 2 pièces. AR.

1302. — Même légende; le phare de Messine, avec la statue de Neptune sur une colonne; dessous, une galère portant l'aigle romaine. ℟. Le monstre Scylla. 2 pièces. AR.

1303. — Même légende, tête de Neptune à droite, avec un trident. ℟. Trophée naval. 5 pièces. AR.

1304. — Q. POMP. RVF RVFVS COS. Tête du consul Rufus. ℞. SVLLA COS. Tête nue de Sylla. AR. 2 pièces.

1305. — Même légende; chaise curule. ℞. SVLLA COS. Q. POMPEI RVF. Chaise curule entre un lituus et une couronne. 2 pièces. AR.

1306. — Tête casquée. ℞. SEX PO FOSTLVS ROMA. Romulus et Rémulus allaités par la louve. Faustulus debout, etc. 35 pièces. AR.

1307. — Tête de Janus. ℞. MAGN. PIVS IMP. Proue. As. 2 pièces.

1308. — Autre semblable, le mot MAGNVS entier.

1309. — 15 as. Pompée fils. Æ.

1310. **Pomponia**. RVFVS S. C. Tête laurée de Jupiter à droite. ℞. Q. POMPONI. Aigle sur un sceptre tenant une couronne dans ses serres. Variétés de symboles, II et le scorpion, III et une mouche, VII et une tarentule. 3 pièces. AR.

1311. — L. POMP. MOLO. Tête d'Apollon. ℞. NVMA POMPIL. Numa sacrifiant devant un autel allumé. 5 pièces. AR.

1312. — L. POMPONI C. F. Tête casquée. ℞. L. LIC. DOM. Mars dans un bige. 5 pièces. AR.

1313. — Q. POMPONI MVSA. Tête d'Apollon diadémée à droite. ℞. ERCVLES MVSARVM. Hercule Musagete debout, nu avec la peau de lion et jouant de la lyre. 2 pièces. AR.

1314. — Monnaies des Muses avec leurs attributs d'une superbe conservation. 32 pièces. AR.

1315. — Tête de Pallas et quatre points. ℞. Q. MOLO. Proue, ROMA à l'exergue. Petit triens inédit. Æ.

1316. — AVGVSTVS. Tête d'Auguste. ℞. P. POMPONI M. PVLLIAN II VIR. (Butrotum, Ponti.) Æ.

1317. — ΕΠΙ ΒΑΣΣΟΙ ΠΡΕΣΒΕΤΟΙ ΣΤ. Pomponius Bassus, légat de Domitien, à Cesarée de Cappadoce. Æ.

1318. **Porcia**. P. LAECA ROMA X. Tête de Pallas. ℞ PROVOCO. Homme debout vêtu du paludamentum, la main droite sur la tête d'un citoyen vêtu de la toge; à côté, un licteur debout avec des verges. 7 pièces. AR.

1319. — LAECA. Même tête. ℞. M. PORCI ROMA. La Liberté dans un quadrige. 5 pièces. AR.

1320. — L. PORCI LICI. Tête casquée. ℞. Mars dans un bige combattant. 8 pièces. AR.

1321. — Tête casquée. ℞. C. CATO ROMA. Victoire dans un bige, à droite. 4 pièces. AR.

1322. — M. CATO ROMA. Tête de femme. ℞. VICTRIX. Victoire assise à droite. 12 pièces. AR.

1323. — Trois semblables au-dessus de la Victoire, ST. AR.

1324. — Quinaire semblable, avec lettres et symboles variés. 32 pièces. AR.

1325. — Une semblable, mais la Victoire tient une couronne. AR.

1326. — Quinaire semblable avec M. CATO PRO PR. 4 pièces. AR.

1327. — L. PORCIO C. BALBO. Bœuf (Leptis Magna). Æ.

1328. — M. PORCIO II VIR. Étendard. Cæsaraugusta. Æ.

1329. **Postumia**. Tête de Pallas, X et apex. ℞. L. POST. ALB. ROMA. Mars dans un quadrige portant un trophée, bouclier et haste. 4 pièces. AR.

1330. — Tête de Diane à droite; derrière, arc et carquois. ℞. A. ALBINVS S. F. Trois cavaliers poursuivant un fuyard. 7 pièces. AR.

1331. — ROMA X. Tête d'Apollon à droite. ℞. A. ALBINVS S. F. Les dioscures debout avec leur haste et faisant abreuver leurs chevaux. 2 pièces. AR.

1332. — Une semblable, mais R' au lieu de ROMA. (Inédite.) AR.

1333. — Buste de Diane; au-dessus de sa tête, bucranium. ℞. A. POST. A. F. S. N. ALBIN. Sacrificateur et taureau sur une montagne; entre eux, un autel allumé. 4 pièces. AR.

1334. HISPAN. Tête de femme voilée, les cheveux épars. ℞. A. POST. A. F. S. N. Homme en toge debout, élevant la main vers une aigle romaine; derrière, faisceaux et une hache. 5 pièces. AR.

1335. — Tête de Diane. ℞. C. POSTVMI. Chien courant. 5 pièces. AR.

1336. — A. POSTVMIVS COS. Tête du consul Postumius. ℞. ALBINVS BRVTI F. Deux mains jointes tenant un caducée ailé. 5 pièces. AR.

1337. — Tête de Mars. ℞. ALBINVS BRVTI F. Deux trompettes gauloises en sautoir; entre elles, un bouclier oblong et un bouclier rond. 3 pièces. AR.

1338. — PIETAS. Tète de la Piété à droite. ℞. ALBINVS BRVTI F. Deux mains jointes tenant un caducée ailé. 4 pièces. AR.

1339. — C. PANSA. Tête de Pan à droite. ℞. Comme le précédent. 2 pièces. AR.

1340. — C. METEL A. ALB. S. F. X. Tête d'Apollon laurée à droite ℞. C. MAL. ROMA. Rome assise couronnée par la Victoire. 8 pièces. AR.

1341. — Autre semblable, mais sans légende du côté de la tête. AR.

1442. **Procilia**. Tête laurée de Jupiter. SC. ℞. L. PROCILI F. Junon Sospita debout, armée de la haste et du bouclier. 5 pièces. AR.

1343. — Tête de Junon Sospita à droite. ℞. Même légende. Junon Sospita dans un bige. 6 pièces. AR.

1344. **Proculeia**. Tête diadémée et barbue en Terme; derrière, KO. ℞. C. PROCVLEI L. F. Raie. Æ.

1345. — Même tête, KO. R. C. PROCVLEI L. F. Hache à deux tranchants.

1346. — La même, avec C. PROCVLEI. Æ.

1347. **Quinctia**. Tête de Pallas, X. ℞. SX. Q. ROMA. Les dioscures à cheval, à droite. 4 pièces. AR.

1348. — Tête de Pallas. ℞. T. Q. ROMA. Les dioscures. 9 pièces. AR.

1349. — Tête d'Hercule à droite, avec la peau de lion, trois points. ℞. Proue de vaisseau. T. Q. ROMA. Quadrans.

1350. — Q. ROMA. Triens et quadrans. 2 pièces. Æ.

1351. — Buste d'Hercule à gauche, avec une massue et une peau de lion. ℞. TI Q. Cavalier conduisant deux chevaux à gauche; dessous, un rat; exergue, D. S. S. Lettres variées. 25 pièces. AR.

1352. — Monétaires. T. QVINCTIVS. CRISPINVS SVLPICIANVS III VIR. A. A. A. F. F. S. C. 3 pièces. Æ.

1353. **Renia.** Tête de Pallas à droite. ℞. C. RENI ROMA. Femme dans un bige de rennes, à droite. 5 pièces. AR.

1354. — Tête d'Hercule coiffée d'une peau de lion. ℞. C. RENI ROMA. Proue de vaisseau et trois points. Quadrans. Inédit. Æ.

1355. **Romilia.** Tête de Janus barbue et laurée. ℞. ROMI en monogramme. A l'exergue, ROMA ; d'un beau travail. As unique et inédit. Æ.

1356. — Même monogramme, semis et quadrans. 3 pièces.

1357. — Un Victoriat avec le même monogramme. AR.

1358. — Un quinaire, même monogramme; les dioscures à cheval. AR.

1359. — Sesterce. Tête de Rome casquée à droite; derriere, HS. ℞. Les dioscures à cheval, à droite; dessous, ROMI en monogramme très-clair; à l'exergue, ROMA. Unique. AR.

1360. **Roscia.** L. ROSCI. Tête de Junon Sospita à droite ; derrière, un symbole correspondant à celui du revers. ℞. FABATI. Jeune fille donnant à manger à un serpent. 102 variétés très-intéressantes de symboles, qui permettent d'apprécier la vie publique et la vie privée des Romains. AR.

1361. **Rubellia.** C. RVBELIVS. BLANDVS. SC. ℞. III VIR. A. A. A. F. F. Au milieu, une enclume. 4 p. B.

1361 bis. **Rubria.** Tête d'Hercule avec la peau de lion, tête de Mercure avec le pétase; devant chaque tête, une massue et un caducée. ℞. L. RVBRI DOSSEN. Temple à deux colonnes; dans l'intérieur, un autel entouré d'un serpent; à droite, une proue de vaisseau. MB.

1362. — As ordinaire, avec L. RVBRI DOSSEN ou seulement DOSSEN. 3 pièces. Æ.

1363. — Semis avec DOS. seulement. Æ.

1364. — Tête de Jupiter à droite. DOSSEN. Foudre dans un char à quatre chevaux; au-dessus, Victoire volant. 6 pièces. AR.

1365. — DOS. Tête de Junon. R. Char à quatre chevaux. Victoire et paon. 4 pièces. AR.

1366. — Buste de Pallas. ℟. Char à quatre chevaux; au-dessus, un petit quadrige et chouette. 5 pièces. AR.

1367. — DOSSEN. Tête de Neptune avec un trident. ℟. L. RVBRI. Victoire passant; devant elle, un autel; avec la cortine entourée d'un serpent. Quinaire. 4 pièces. AR.

1368. **Rustia**. T. Q. RVSTIVS FORTVNÆ ANTIAT. Deux bustes de femmes accolées à droite, sur une base terminée de chaque côté par une tête de bouc; l'une des femmes tient une patère. ℟. CAESARI AVGVSTO. Autel sur lequel on lit: FOR RE. A l'exergue, SC. 2 pièces. AR.

1369. — Tête casquée de Mars; derrière, S. C. R. L. RVSTI. Bélier. 6 pièces. AR.

1370. **Rutilia**. FLAC. Tête de Pallas. ℟. L. RVTILI. Victoire dans un bige au galop. 5 pièces. AR.

1371. — L. RVTILIO PLANCO. Tête d'Auguste. R. A. VATRONIO. LABEONE II VIR COR. Victoire volant sur un globe. (Corinthe.) Æ.

1371 bis. **Salvia**. CAESAR AVGVSTVS PONT. MAX. Tête laurée d'Auguste à droite; derrière, Victoire debout, tenant une corne d'abondance et lui attachant sa couronne. ℟. M. SALVIVS OTHO III VIR. A. A. A. F. S. C. Très-rare et très-bien conservée. Æ. GB.

1372. — Autre semblable. MB.

1373. — Autre, sans la Victoire. La tête d'Auguste à droite ou à gauche. 13 MB.

1374. — C. CAESAR III VIR. R. P. C. Tête nue d'Octave à droite. ℟. Q. SALVIVS IMP. COS. DESIG. Foudre ailé. 2 pièces. AR.

1375. **Sanquinia**. M. SANQVINIVS III VIR. Tête laurée de Jules-César, à droite; au-dessus, une comète. ℟. AVGVSTVS DIVI F. LVDOS SAEC. Prêtre salien debout vêtu de la stola, et casqué, tient un caducée et un bouclier rond. 2 pièces. AR.

1376. — Même tête et même légende. ℟. AVGVSTI DIVI. F. Tête nue d'Auguste à droite. AR.

1377. — SANQVINIVS A. A. A. F. S. C. Monetaire. GB.

1378. — Grands et moyens bronzes variés; quelques-uns avec contremarque. 13 pièces. AR.

1379. **Satriena**. Tête casquée de Mars à droite. ℞. ROMA P. SATRIENVS. Louve marchant à gauche. 37 pièces. AR.

1380. **Saufeia**. Tête de Pallas à droite. ℞. L. SAUF. ROMA. Victoire dans un bige, au galop, à droite. 6 pièces. AR.

1381. — As, avec la même légende. 13 pièces, Æ.

1382. — Semis, triens, quadrans, sextans. 6 pièces. Æ.

1383. **Scribonia**. Tête de Pallas. ℞. C. SCR. ROMA. Les dioscures à cheval, à droite. 3 pièces. AR.

1384. — Même légende. As, triens, quadrans. 11 pièces. Æ.

1385. — PAULLVS LEPIDVS CONCORDIA. Tête voilée de la Concorde à droite. ℞. PVTEAL SCRIBON LIBO. Puits. Marteau, tenailles et coin de monnaie. 3 pièces. AR.

1386. — BON. EVENT. LIBO. Tête diadémée de Bonus Eventus. ℞. Puits et symbole. 9 pièces. AR.

1387. **Sempronia.** Tête de Pallas. ℞. Les dioscures à cheval; dessous, GR.; exergue, ROMA. 2 pièces. AR.

1388. — PITIO. Même tête. ℞. L. SEMP. ROMA. Les dioscures à cheval. 3 pièces. Æ.

1388 bis. — PITIO. As, semis, triens, quadrans. 22 pièces. Æ.

1389. — T. SEMPRONIVS GALLVS. 4 G. et MB.

1390. — ATRA (Atratinus). As inédit.

1391. — S. C. Tête laurée de Jules-César à droite. ℞. T. SEMPRONIVS GRACCVS. Enseigne militaire, aigle, charrue et sceptre. AR.

1392. — DIVI IVLI F. Tête nue barbue d'Octave à droite. ℞. TI SEMPRONIVS GRACCVS IIII VIR. Q. DESIG. Enseigne militaire, aigle, etc. AR.

1393. **Sentia**. ARG. PVB. Tête de Pallas à droite. ℞. L. SENTI C. F. Jupiter dans un quadrige, tenant un sceptre et un foudre; lettres variées, tout l'alphabet. 24 pièces. AR.

1394. **Sepullia**. CAESAR IMP. Tête de Jules-César laurée à droite, ℞. P. SEPVLLIVS MACER. Vénus debout, tenant la haste et la Victoire; au bas, étoile. AR.

1395. — Même pièce avec CAESAR. IMP. AR.

1396. — Même pièce plus petite. AR.

1397. — La même, avec CAESAR DIC PERPETVO. AR.

1398. — La même, avec un bouclier aux pieds de la Vénus. AR.

1399. — Tête de Marc-Antoine à droite, entre le præfericulum et le lituus. ℞. P. SEPVLLIVS MACER. Cavalier en course conduisant deux chevaux, et tenant un fouet. AR.

1400. — Tête de Mercure à droite, avec le pétase et un caducée. ℞. P. SEPVLLIVS. Caducée ailé. Sesterce. AR.

1401. Tête de Jupiter laurée à droite. ℞. P. SEP. Semis et un autre semblable, avec ROMA. A l'exergue, 2 pièces. Æ.

1402. **Sergia.** ROMA EX S. C. Tête de Rome casquée. ℞. M. SERGIVS SILVS Q. Cavalier en course, à gauche, tenant un glaive d'une main et de l'autre, par les cheveux, une tête humaine coupée. 7 pièces. AR.

1403. **Servilia.** C. CASSI IMP. Tête de la Liberté laurée à droite. ℞. M. SERVILIVS. Acrostolium. (Cohen, p. 268, nº 20.) OR.

1404. — C. CASSEI IMP. Tête de la Liberté. ℞. M. SERVILIVS LEG. Crabe tenant un acrostolium dans ses serres, un diadème et une rose. (Cohen, p. 83.) AR.

1405. — CASCA LONGVS. Tête laurée de Neptune; à droite, trident. ℞. BRVTVS IMP. Victoire marchant sur un sceptre brisé, tenant une palme et déchirant un diadème. AR.

1406. — LEIBERTAS. Tête de la Liberté. ℞. Q. CAEPIO BRVTVS PROCOS Lyre entre le plectrum et un rameau. AR.

1407. — L. SESTI PRO Q. Tête voilée de la Liberté. ℞. Q. CAEPIO BRVTVS PROCOS. Trépied entre une hache et un simpulum. AR.

1408. — Même pièce. Quinaire. AR.

1409. — Tête casquée de Rome à droite. Lettres grecques et romaines. ℞. M. SERVILI C. F. Deux Soldats combattant à l'épée, tenant chacun un bouclier, et ayant leurs chevaux à côté d'eux. 18 pièces. AR.

1410. — Tête casquée. ℞. C. SERVEIL. Soldat à cheval combattant. 5 pièces. AR.

1411. — ROMA. Tête de Rome. ℟. C. SERVEIL. IMP. F. Les dioscures à cheval allant en sens contraire. 10 pièces. AR.

1412. — C. SERVILI C. F. ROMA. Quadrans. (Cohen, p. 296). Æ.

1413. — Même pièce, avec la patine d'émeraude. Æ.

1414. — La même, sans le mot ROMA. Æ.

1415. — Sextans. C. SERVEILI M. F. Æ.

1416. — RVLLI. Buste de Pallas avec l'égide. ℟. P. SERVILI IMP. F. Victoire dans un bige. 6 pièces. AR.

1417. — FLORAL PRIMVS. Tête de Flore à droite. ℟. C. SERVEIL. Deux Soldats debout présentant leurs épées. 5 pièces. AR.

1418. — Autre avec les épées croisées. Inédite. AR.

1419. — PISO CAEPIO Q. Tête laurée de Saturne à droite. ℟. AD. FRV EMV. S.C. Les questeurs Pison et Scipio assis entre deux épis. AR.

1420. — AHALA. Tête nue d'Ahala. ℟. BRVTVS. Tête nue de Junius Brutus. 3 pièces. AR.

1421. **Sestia.** L. SESTI PRO Q. Tête voilée de la Liberté. ℟. Q. CAEPIO BRVTVS. PRO COS. Trépied entre une hache et le simpulum. AR.

1422. — Même pièce. Quinaire. AR.

1423. — L. SESTI PRO. Q. Tête voilée de la Liberté. ℟. Q. CAEPIO BRVTVS PROCOS. Victoire debout, tenant une palme et une couronne. Quinaire. Très-rare. AR.

1424. — L. SESTIO (Ilici). Æ.

1425. **Sicinia.** FORT. P. R. Tête diadémée de la Fortune à droite. ℟. Q. SICINIVS III VIR. Palme et caducée en sautoir; en haut, couronne. 3 pièces. AR.

1426. — Q. SICINIVS III VIR. Tête laurée d'Apollon à droite; dessous, étoile. ℟. C. COPONIVS P. R. S. C. Massue couverte d'une peau de lion, entre un arc et une flèche. 3 pièces. AR.

1427. **Silia.** ROMA. Buste casqué de Pallas à gauche, armée d'une haste et d'un bouclier sur lequel est gravé un cavalier en course; au-dessus, un croissant. ℟. P. NERVA. L'enceinte des Comices et trois figures. 6 pièces. AR.

1428. — P. NERVA. Tête d'Hercule à droite. ℞. ROMA. Proue, quadrans. 3 pièces. Æ.

1429. — Monétaires. SILIVS ANNIVS LAMIA. PB. 11 pièces. Æ.

1430. — **Sosia**. Tête nue de Marc-Antoine. ℞. C. SOSIVS Q. ZA. Aigle sur un foudre, devant un caducée. Pièce très-rare. (Coh., p. 302, nº 1.) Æ.

1431. — Tête jeune à droite. ℞. C. SOSIVS COS. DESIG. Trépied. Pièce très-rare. PB. Æ.

1432. **Spurilia**. Tête de Pallas à droite. ℞. A SPVRI ROMA. Diane dans un bige au galop. 2 pièces. AR.

1433. — Tête de Pallas.... ℞. A SPVRI ROMA. Proue et .... Triens. Æ.

1434. **Statia**. Tête de Neptune à droite; derrière, un trident. MVRCVS IMP. Trophée. Statius Murcus en toge, tenant un parazonium, relève la Syrie à genoux. (Cohen, p. 304). AR. Pièce très-rare.

1435. **Statilia**. TAVRVS REGVLVS PVLCHER. PB. 9 pièces. Æ.

1435 bis. **Sulpicia**. L. SERVIVS RVFVS. Têtes accolées des dioscures à droite, avec le pileus surmonté de deux étoiles. ℞. Murailles d'une ville sur la porte de laquelle on lit TVSCVL. (Cohen, p. 307, nº 1.) OR.

1436. — L. SERVIVS RVFVS. Tête nue de Servius Rufus à droite. ℞. Les dioscures debout, nus casqués, armés du parazonium et de la haste. (Cohen, p. 307.) AR.

1437. — SERV. SVLP. Tête d'Apollon à droite. ℞. Deux figures debout, l'une vêtue de la toge, l'autre nue, les bras liés derrière le dos; entre elles, un trophée naval. AR.

1438. — CAESAR AVGVSTVS. Tête nue d'Auguste à droite. ℞. C. SVLP. PLATORINVS. Auguste et Agrippa assis; près d'eux, une haste; sous leurs pieds, trois proues de vaisseau. AR.

1439. — D. P. P. Têtes accolées des dieux pénates à gauche. ℞. C. SVLPICI C. F. Deux soldats debout, tenant chacun une haste; entre eux, une truie avec ses petits; dans le champ, une lettre alphabétique qui varie. 16 pièces. AR.

1440. — Tête de Janus et I. ℞. C. SVLPICI ROMA. Proue de vaisseau à droite et I. As.

1441. — S. C. Tête de Vesta voilée à droite. ℞. P. GALBÆ CVR. Simpulum entre une hache et un couteau de sacrificateur. AR.

1443. **Tadia.** P. TAD. PR. HIB. C. IVLI NIGER II VIR. Neptune nu assis, tenant le trident. ℞. CORINTHIVM. Bellérophon arrêtant Pégase volant, devant la porte de Corinthe. Æ.

1444. **Tarquitia.** C. ANNIVS S. F. F. N. PRO COS. EX S. C. Tête de femme laurée à droite. ℞. C. TARQVITI P. F. Victoire dans un bige au galop, à droite, tenant une palme; au-dessus, un nombre. AR.

1445. **Terentia.** Tête de Pallas, à droite, X. ℞. VAR. ROMA. Dioscures à cheval allant à droite. 8 pièces. AR.

1446. — La même, avec C. VAR. en monogramme. ROMA. 2 pièces. AR.

1447. — La même. Quinaire. Très-rare. AR.

1448. — VARO ROMA. As, quadrans, sextans. 10 pièces. Æ.

1449. — Tête casquée; derrière, Victoire. ℞. C. TER LVC. ROMA. Dioscures. 4 pièces. AR.

1450. — C. TER. LVC. ROMA. As, semis, triens, quadrans, sextans, inédit. 8 pièces. Æ.

1451. — Tête en terme de Varro. ℞. MAGNVS PRO COS. Sceptre entre un dauphin et un aigle. AR.

1452. — Tête de Janus. ℞. P. T. E. Louve allaitant Romulus et Rémus. MB. Æ.

1453. CAESAR AVGVSTVS. Tête nue d'Auguste à droite. ℞. Q. TERENTIO CVLLEONE. PRO COS. LILIB. Tête d'Apollon laurée à droite. (Lilybaeum, publié par Borghesi et Coh., p. 310.) Æ.

1454. **Thoria.** I. S. M. R. Tête de Junon Sospita à droite ℞. L. THORIVS BALBVS. Taureau furieux; dans le champ, une lettre qui varie. 21 pièces. AR.

1455. **Titia.** Tête barbue à droite. ℞. Q. TITI. Pégase. 8 pièces. AR.

1456. — Tête de Bacchante. ℞. Q. TITI. Pégase. 4 pièces. AR.

1457. — Buste de la Victoire. ℞. Q. TITI. Pégase. 7 pièces. Quinaire. AR.

1458. — M. TITI ROMA. Proue et I. As inédit.

1459. — Q. TITI. As sans ROMA, et la tête de Janus barbue et à pointes. Æ.

1460. **Titinia**. Tête de Pallas, à droite, XVI. ℞. C. TITINI ROMA. Victoire dans un bige au galop, à droite. 2 pièces. AR.

1461. — C. TITINI. Semis, quadrans. 4 pièces. Æ.

1462. — M. TITINI ROMA. As, semis, triens, quadrans. 11 pièces.

1463. **Tituria**. Tête nue de Tatius à droite. ℞. L. TITURI. Deux Soldats romains enlevant deux Sabines. 5 pièces.

1464. — Même tête, même légende. ℞. Tarpeia écrasée sous les boucliers des Sabins. 7 pièces. AR.

1465. — SABIN. Tête de Tatius. ℞. L. TITURI. Victoire dans un bige à droite. A l'exergue, un symbole qui varie, et parmi les chiffres, MI, MIII, MVIII. 37 pièces. AR.

1466. **Todillia**. Tête de Pallas et X. ℞. TOD. ROMA. Diane dans un bige au galop à droite; dessus, le T, l'oiseau todus. 4 pièces. AR.

1467. — TO ou TOD; au-dessus, l'oiseau, proue de vaisseau. 4 pièces. AR.

1468. — TO. Oiseau à droite de la proue de vaisseau. 6 pièces. Æ. — As, triens, quadrans.

1469. **Trebannia**. Tête de Pallas, X. ℞. L. TREBANI. ROMA. Jupiter dans un quadrige au galop, tenant un sceptre et un foudre. 3 pièces. AR.

1470. — L. TREBANI. ROMA. Semis, triens, quadrans. 7 pièces. Æ.

1471. **Tullia**. ROMA. Tête de Pallas. ℞. M. TVLLI. Victoire dans un quadrige au galop à droite. 5 pièces. AR.

1472. **Turillia**. M. ANTONIVS AVG. IMP. IIII COS. TER. III VIR R. P. C. Tête nue de Marc-Antoine à droite. ℞. D. TVR. Victoire debout à gauche, tenant une palme et une couronne attachée avec des bandelettes; le tout dans une couronne de laurier. AR.

1473. — TVRIL. As. MB. Proue de vaisseau à droite.

1474. — Semis. L. TVR. en monogramme et rétrograde. Quadrans, sextans. 3 pièces. Æ.

1475. — **Valeria**. MESSAL. F. Buste casqué de Rome avec une haste. ℞. PATRE COS. Chaise curule; dessus, un diadème autour d'un sceptre; dans le champ, S. C. (Coh., p. 321, n° 12.) AR.

1476. — ACISCVLVS. Tête diadémée d'Apollon à droite; au-dessus, une étoile; derrière, un marteau; le tout dans une couronne de laurier. ℞. L. VALERIVS. Tête de la Sibylle à droite. (Coh., p. 321.) AR.

1477. — Buste de la Victoire à droite. ℞. ACISCVLVS. Marteau; le tout dans une couronne de laurier. Quinaire. AR.

1478. — ACISCVLVS. Tête diadémée d'Apollon; derrière, le marteau. ℞. L. VALERIVS. Europe sur un taureau, tenant une écharpe. 8 pièces. AR.

1479. — La même, très-belle, restituée par l'emp. Trajan. (Coh., introd., p. XXXVII.) AR.

1480. — Tête du Soleil radié à droite; derrière, marteau. ℞. L. VALERIVS. Diane dans un bige au galop à droite. AR. 2 pièces.

1481. — Tête diadémée d'Apollon. ℞. Oiseau à tête de femme casquée, armé de deux lances et d'un bouclier; le tout dans une couronne de laurier. 2 pièces. AR.

1482. — ACISCVLVS. Tête de Jupiter. ℞. Géant dont le tronc est terminé par deux queues de poisson, la main droite sur la hanche, la gauche élevée au-dessus de sa tête. (Coh., p. 322.) AR.

1483. — Tête de Pallas. ℞. C. VAL. C. F. FLAC. ROMA. Victoire dans un bige au galop à droite. 5 pièces. AR.

1484. — Même pièce; derrière, la tête de Pallas. XVI. 4 pièces. AR.

1485. — As, triens, quadrans, sextans. 25 pièces. Æ.

1486. — Buste de la Victoire; derrière, emblème qui varie. ℞. C. VAL. FLAC. IMPERATOR EX. S. C. Aigle entre deux enseignes militaires; sur l'une, H, sur l'autre, P; dans le champ, S. C. 10 pièces. AR.

1487. — VOLVSVS VALERIVS MESSALA. MB. 14 pièces. Æ.

1488. — MESSALA GALVS SISENNA APRONIVS. PB. 8 pièces. Æ.

1489. **Vargunteia.** M. VARG. Derrière, la tête de Pallas. ℟. ROMA. Jupiter dans un quadrige, portant une palme et un foudre. 4 pièces. AR.

1490. — M. VARG. Semis, triens, quadrans, sextans. 10 pièces. Æ.

1491. **Ventidia.** M. ANT. Tête nue de Marc-Antoine à droite. ℟. P. VENT. PONT. IMP. Figure demi-nue debout, tenant une haste et une branche d'olivier. (Coh., p. 326.) AR.

1492. — NERO CAESAR AVG. Tête laurée de Néron à gauche. ℟. P. VE FRONTONE II VIR. Temple à quatre colonnes. (Corinthe.) 2 pièces. Æ.

1492 bis. **Vergilia.** Tête d'Apollon à droite; dessous, un foudre. ℟. VER. GAR. OGVL. Jupiter lançant la foudre, dans un quadrige au galop. AR.

1493. — Même légende. As. Æ.

1494. — VERGILI. (Paestum.) Æ.

1495. **Vettia.** S. C. TA. Tête nue et barbue de Tatius Sabinus. ℟. T. VETTIVS judex. Homme en toge dans un bige au pas à gauche; derrière, un épi. AR.

1496. — P. SABINVS Q. Victoriat, lettre alphabétique qui varie. 11 pièces. AR.

1497. — ΣΕΒΑΣΤΟΣ. Tête d'Auguste. ℟. ΥΥΕΤΤΙΟΥ. ΝΙΓΡΟΥ. ΚΟΙΝΟΝ ΦΡΥΓΙΑΣ-ΑΠΑΜΕΩΝ. Figure marchant à droite. (Apamée de Phrygie.) Æ.

1498. — Tête de Titus et de Domitien. ℟. ΣΜΥΡΝΑΙΩΝ ΕΠΙ ΒΑΑΑΝΟΥ ΑСΡΑΙΟΣ. Æ.

1499. **Veturia.** TI. VET. Buste de Mars avec un casque orné d'une plume et d'une crinière. ℟. ROMA. Deux soldats debout armés chacun d'une haste et d'un parazonium, touchant avec une baguette une truie que soutient un homme à genoux. 4 pièces. AR.

1500. — Tête d'Hercule. ℟. TI. VET. Strigile et vase de gladiateur. 2 pièces. Æ.

1501. **Vibia**. Tête laurée de Vénus à droite. ℞. C. VIBIVS VARVS. Vénus à moitié nue, debout près d'une colonne, se regardant dans un miroir qu'elle tient à la main. (Coh., p. 332, nº 27.) OR.

1502. — Buste de Pallas à gauche, avec un bouclier et une haste. ℞. C. VIBIVS VARVS. Némésis ailée debout regardant son sein et écartant le vêtement qui le couvre. (Coh., p. 332, nº 25.) OR.

1503. — VIB. ROM. Victoriat. 2 pièces. AR.

1504. — C. VIBI. PANSA. As. 6 pièces. Æ.

1505. — PANSA. Tête d'Apollon. ℞. C. VIBIVS C. F. Pallas dans un quadrige au galop, portant un trophée et une haste, avec emblèmes et lettres variées. 53 pièces. AR.

1506. — PANSA. Tête d'Apollon. ℞. C. VIBIVS C. F. Quadrige à gauche. 4 pièces. AR.

1507. — PANSA. Quadrige. ℞. C. VIBIVS C. F. Quadrige. 6 pièces. AR.

1508. — Mêmes tête et légende. ℞. Cérès marchant précédée d'une truie. 3 pièces. AR.

1509. — La même. ℞. Cérès dans un char traîné par deux serpents.

1510. — Même tête. ℞. Cérès marchant; devant elle, une charrue. 6 pièces. AR.

1511. — PANSA. Tête de Pan. ℞. VIBIVS. Tête de Silène; symbole qui varie. 3 pièces. AR.

1512. — Tête de Pan. ℞. IOVIS AXVR. Jupiter Axur assis à gauche. 8 pièces. AR.

1513. — Même pièce, mais derrière la tête, un pedum. 3 pièces. AR.

1514. — PANSA. Masque de Pan. ℞. ALBINVS BRVTI. F. Caducée. 2 pièces. AR.

1515. — LIBERTATIS. Tête de la Liberté. ℞. C. PANSA. C. F. C. R. Rome assise à gauche, avec la haste et le parazonium, et est couronnée par la Victoire volant. 2 pièces. AR.

1516. — C. VIBI. As et semis. 3 pièces. Æ.

1517. **Vinicia.** CONCORDIA. Tête de la Concorde à droite. ℟. L. VINICI. Victoire volant, tenant une longue palme à laquelle est attachée une couronne; autre avec CONCORDIAI. 2 pièces. AR.

1518. — Tête d'Auguste à droite. ℟. L. VINICIVS. Arc de triomphe orné de statues et d'un quadrige; sur le frontonon lit : S. P. Q. R. IMP. CAES. 2 pièces. AR.

1519. AVGVSTVS TR. POT. VIII. Tête nue d'Auguste. ℟. L. VINICIVS L. F. III VIR. Cippe sur lequel on lit : S. P. Q. R. IMP. CAES. QVOD V. M. S. EX. EA. P. Q. I. AD. A. D. E.

1520. — Légende et cippe comme ci-dessus. ℟. S. P. Q. R. IMP. CAES., sur le piédestal de la statue équestre de la porte Flamine, à Rome. AR.

1521. **Vipsania.** IMP. DIVI. IVLI. F. TER. III VIR R. P. C. Tête laurée de Jules César à droite; au-dessus, une étoile. ℟. M. AGRIPPA COS. DESIG., dans le champ. (Coh., p. 335, n° 3.) OR.

1522. — CAESAR AVGVSTVS. Tête d'Auguste nue à droite. ℟. M. AGRIPPA PLATORINVS III VIR. Tête nue d'Agrippa à droite. (Coh., n° 5.) AR.

1523. — DIVOS IVLIVS DIVI. F. Têtes en regard de César et d'Auguste. ℟. M. AGRIPPA COS. DESIG., dans le champ. AR.

1524. — IMP. CAESAR DIVI. IVLI. F. Tête d'Octave à droite. ℟. M. AGRIPPA COS. DESIG., dans le champ. AR.

1525. — M. AGRIPPA L. F. COS. III. Tête d'Agrippa à gauche, avec une couronne rostrale. MB. 4 pièces. Æ.

1526. — Même pièce, restituée par Titus.

1527. — Même pièce, restituée par Domitien.

1528. — Têtes d'Agrippa et Auguste. ℟. COL. NEM. Crocodile. MB.

1529. — VIPSANIO AGRIPPA. Corinthe. MB. 4 pièces variées. Æ.

1530. **Voconia.** Tête de Jules César à droite. ℟. Q. VOCONIVS VITVLVS. Q. DESIG. S. C. Veau marchant. AR.

1531. — DIVI. IVLI. Tête de Jules César; derrière, lituus. ℟. Q. VOCONIVS VITVLVS. Veau marchant. AR.

1532. — Semblable au n° 1630, mais en or.

1533. **Volteia**. Tête d'Apollon laurée à droite. ℞. M. VOLTEI. M. F. Trépied autour duquel est enlacé un serpent; dans le champ, S. C. D. T. AR.

1534. — Une autre semblable, pas si bien conservée. AR.

1535. — Tête de Jupiter à droite, une lettre. ℞. L. VOL. F. STRABO. Europe sur un taureau, tenant une écharpe; foudre et feuille de laurier. 2 pièces. AR.

1536. — M. VOLTEI. M. F. Temple à quatre colonnes; dessous, un foudre. 6 pièces. AR.

1537. — Tête d'Hercule. ℞. Même légende. Le sanglier d'Erymante. 5 pièces. AR.

1538. — Tête de Bacchus; Cérès dans un bige de serpents, tenant deux torches; symbole qui varie. 20 pièces. AR.

1539. — Buste de Pallas. ℞. Cybèle dans un bige de lions; lettres et lettres numérales variées. 25 pièces. AR.

1540. **Ummidia**. Tête d'Apollon laurée à droite. ℞. ΕΠΙ ΚΟΥΑΔΡΑΤΟΥ; dans le champ (Antioche de Syrie). P. B. Rare. Æ.

1541. **Unimana**. Tête d'Apollon laurée à droite. ℞. VNI ROMA. Victoire couronnant un trophée à droite. (Coh., fam. Claudia, p. 87.) 2 pièces. AR.

1542. **Urbinia**. Tête de Pallas; derrière, un symbole. ℞. AP. CL. R. MAL. Q. VR. Victoire au galop dans un trige à droite. 4 pièces. AR.

Renou et Maulde, imprimeurs de la Compagnie des Commissaires-Priseurs, rue de Rivoli, 144. 15996

www.ingramcontent.com/pod-product-compliance
Ingram Content Group UK Ltd.
Pitfield, Milton Keynes, MK11 3LW, UK
UKHW020928180726
13838UKWH00002B/810